Jacques Gaillot

Eine Kirche, die nicht dient,
dient zu nichts

JACQUES GAILLOT
Bischof von Évreux

Unter Mitarbeit von Catherine Guigon

Eine Kirche, die nicht dient, dient zu nichts

Erfahrungen eines Bischofs

Herder

Freiburg · Basel · Wien

Titel des Originalwerkes:
Monseigneur des autres
© Éditons du Seuil, Paris 1989

Aus dem Französischen übertragen von
Hanns-Werner Eichelberger

Umschlagfoto: Sylvain Fillastre

3. Auflage 1992
© Verlag Herder Freiburg im Breisgau 1990
Herstellung: Clausen & Bosse, Leck 1990
ISBN 3-451-21988-3

Inhalt

Zur Einführung

Nach dem gemeinsamen Essen in freundlicher, vielleicht etwas steifer Atmosphäre führen wir unsere ernsten Gespräche in den Pariser Straßen fort, im dichten Verkehr beim Odéon. Auf einmal läßt mich der Bischof einfach stehen. Der kleine, fast schmächtige Mann, den nur ein silbernes Kreuz an der Jacke von normalen Passanten unterscheidet, stürzt unvermittelt auf die Straße und fängt an, den Verkehrspolizisten zu improvisieren. Mit Autorität hält er einen Linienbus an, damit ein Lieferwagen endlich aus der Toreinfahrt herausfahren kann, wo er schon seit einiger Zeit festhängt. Zufrieden über seinen Akt urbaner Nächstenliebe mokiert sich der Bischof von Évreux noch eine Weile über die Widrigkeiten der Hauptstadt.

Man ist nicht wenig überrascht, wenn man den aufsässigsten Bischof Frankreichs kennenlernt, der einen Schock nach dem anderen auslöst und den die Überfrommen am liebsten in die Wüste schicken würden. Hätte uns das Fernsehen nicht schon mit seinem Erscheinungsbild vertraut gemacht, würde man sich wohl eine ganz andere Persönlichkeit vorstellen: draufgängerisch, provozierend, eher robust und kampflustig. Aber Jacques Gaillot entspricht so gar nicht dem Bild, das seine kühnen Reden erwarten lassen, gerade das macht seinen Charme mit aus: ein rundes Gesicht mit einem noch kindhaften Lächeln, aber munter wie ein Vogel; sein sparsamer Redefluß mündet hin und wieder in diskretes Husten. Am erstaunlichsten wirkt wohl das Blau aus den Augen mit den langen Wimpern, durchsichtig, klar und strahlend naiv. Ich war auf den Typ des Haudegens einge-

stellt und entdeckte einen Optimisten vom Schlag des
Voltaireschen Candide.

Ich schalte mein Tonbandgerät ein, jetzt wird er doch
wohl auftauen und die Geheimnisse seiner Person meiner Neugier preisgeben. Wieder eine Überraschung:
Jacques Gaillots Seele kennt feste Schranken der Scheu.
Er wird verlegen, wenn er liebevoll familiär von seiner
Kindheit erzählt; es bringt ihn durcheinander, wenn er
von der Innigkeit seiner Liebe zu Christus redet; er zö-
gert, Namen von Freunden, Lehrern und Mitseminari-
sten zu nennen, weil er niemanden in Unannehmlichkeiten bringen, belästigen oder verletzen möchte.

Sobald es aber darum geht, das Evangelium, die Armen
und Ausgestoßenen zu verteidigen oder die Händler aus
dem Tempel zu vertreiben, geht Bischof Gaillot in die
Offensive. Dann rüttelt er ohne Zögern an sämtlichen
Vorurteilen, gewohnten Vorstellungen und überkomme-
nen Mustern und an der ganzen Kirche. Seine Unverfro-
renheit scheint ihn dabei wenig zu rühren. Zu jedem seiner Alleingänge zugunsten von Homosexuellen, zum
Gebrauch von Präservativen, zum Skandalfilm von Martin Scorsese oder zur Rushdieaffäre meint er nur gelassen: »Das wird wieder Staub aufwirbeln!«

Was mußte er sich nicht schon anhören. Dem »roten«
Bischof hat man die Mauern seines Bischofshauses mit
Schimpfparolen bepinselt, und gewisse Zeitungen haben
sehr massiv seine Absetzung gefordert. Der Papst hielt
sich zwar zurück und gab kein Urteil ab, doch hat er sich
auch geweigert, seinen reichlich turbulenten Prälaten in
Rom zu empfangen. Jacques Gaillot hat es mit einiger
Bitterkeit vermerkt. Denn jeder, der ihn genauer kennenlernt, spürt bald, wie sehr der Bischof von Évreux bis in
die Spitze seiner Mitra ein Mann der Kirche ist. Seit den
Ursprüngen seiner Berufung im Alter von sechs Jahren
ist er nie vom Weg abgekommen, hat sein Glaube nie ge-
wankt. Sein Credo, so verkündet er unablässig, ist das

Evangelium und das Wort Christi, befreit allerdings vom
Glanz irdischer Macht und von den Tugenden einer Moral, in die es der Klerus oft genug verkleidet hat. So gesehen ist Jacques Gaillot unbequem.

Er ist aber auch eine Gestalt, die versöhnt. Während die
Kirche Frankreichs drauf und dran zu sein scheint, sich
neu hinter den konservativsten Prinzipien der tradi-
tionellen Moral zu verschanzen, ruft die Stimme des
kleinen Bischofs von Évreux ganz andere Werte in Erinnerung: Toleranz, Herzensgüte, großzügiges Entgegenkommen. Seine Worte sind nie polemisch, sein Zorn nie
niederschmetternd.

Ich zähle mich nicht zu den Gläubigen, aber in der Zusammenarbeit mit ihm habe ich das heutzutage seltene
Glück erfahren, einem freien Menschen zu begegnen.

Catherine Guigon

I. WEGE

1. Das Klosterkind

»Sie sind der Bischof der Christen ohne Kirche«, »der Bischof für die Menschen am Rande.« Wer hätte je geahnt, daß man mich eines Tages so nennen würde? Und daß es mich an andere Ufer ziehen würde, damit ich auf fremden Böden Fuß fasse?

Es ist immer riskant, sich weit hinauszuwagen. Wenn man die Männer und Frauen dort aufsuchen will, wo sie leben, leiden und kämpfen, muß man schon eine gewisse Leidenschaft für sie haben, muß man sich gemeinsam mit ihnen auf den Weg durch den Alltag machen, und das riecht nach Abenteuer. Es ist ein Weg der Menschlichkeit, der den Blick verwandelt, der die Sprache verändert, der Bindungen knüpft. In der Nachfolge Christi setze ich mich mit Sündern an einen Tisch, damit das unerhörte Gerücht der Frohbotschaft auch für sie hörbar wird. Denn vom Evangelium ist kein Mensch ausgeschlossen. Für den, der unsere Ketten zerrissen hat, gibt es keine Parias. Für die Freudenbotschaft Christi gibt es kein verbotenes Terrain. Sein Wort soll weit hinausgeworfen werden, auch an Stellen, die vielleicht zwielichtig erscheinen. Aber überall kommt uns Gottes Atem zuvor und sorgt schon für ein erstaunliches Bündnis zwischen Mensch und Evangelium. Wenn ich für die Menschenrechte eintrete, einen Gefangenen in Südafrika besuche, Artikel für Zeitschriften verfasse, die man nicht gerade hinten in der Kirche auslegen würde, wenn ich an einer Talkshow im Fernsehen teilnehme, dann gehe ich unermüdlich zu all denen hin, von denen die Kirche weit weg ist.

Wenn ich mich mit Frauen und Männern von heute auf den Weg mache, ist das ein Weg der Geschwisterlichkeit

und nicht des Eroberns. Es geht nicht darum, Schafe in
die Hürde zurückzubringen, sondern bescheiden mitzu-
gehen. Jeder gibt und empfängt auf diesem Weg. Da
kann dann auch plötzlich einmal ein Wort der Freude
fallen, das dem Abenteuer Menschsein einen Sinn gibt
und das Leben verwandelt.

Ich setze mich nirgendwo fest, und es wäre gegen meinen Auftrag, wenn ich zu den Leuten von Rang zählte.
Der Weg des Evangeliums geht nämlich anders: Er treibt
uns immer weiter bis in entlegene Gegenden, die nicht
nur schön sind. Jesus sagt aber immer wieder zu seinen
Jüngern: »Fahrt dorthin, wo der See tief ist! Fahrt weit
hinaus!« Und er macht Ärger. Ich glaube, man muß sich
wie Jesus dem Mißverständnis aussetzen und auch Leuten mit üblem Ruf in zweifelhaften Regionen begegnen.
Diesem Gedanken bin ich beispielsweise gefolgt, als ich
mir den vielgescholtenen Film »Die letzte Versuchung
Christi« von Martin Scorsese ansah. Auch als ich Zeitschriften wie *Lui* oder einem Homosexuellenblatt
meine Interviews gab, hatte ich die Absicht, ganz weit
auf den See hinauszufahren, um auch denen zu begegnen, die die Kirche sonst nicht wahrnimmt.

Ich habe viel Zeit gebraucht, um ans andere Ufer über-
zusetzen. Dazu war ein langer Weg nötig. Erst mußten
einige Kreise meines Lebens aufbrechen, damit ich auf
diesen geistlichen Weg gelangen konnte. Allerdings haben mich die Ereignisse auch ständig dazu gezwungen.
Immer wenn ich meinte, ich könnte irgendwo haltma-
chen, drängte es mich noch ein Stück weiter, weiter als
ich gedacht hatte. So weit, daß manche Bekannte von
früher mich heute kaum wiedererkennen. Das Leben
eines Bischofs ist nun mal kein »langer, ruhiger
Strom«...

Ich habe eine glückliche und behütete Kindheit erlebt.
Ich bin am 11. September 1935 in Saint-Dizier im Département Haute Marne, in der südlichen Champagne

geboren. Mein Vater war Weinhändler. Meine Mutter
stammte aus Tunesien. Ich hatte das Glück, zwei Groß-
mütter zu erleben, die beide zuhören und verstehen
konnten. Meine um drei Jahre ältere Schwester und ich
bildeten ein unzertrennliches Gespann. Die Familie war
für uns etwas Heiliges. Die Familienfeste, besonders
Weihnachten, gaben unserem Leben seinen Rhythmus.
Meine Eltern waren praktizierende Katholiken. Meine
Mutter half wohl hie und da in der Gemeinde mit, war
aber nicht in einer der kirchlichen Bewegungen aktiv
engagiert. Mein Vater war da eher diskret. Er zeigte wenig von sich nach außen, und ich bin nicht so sicher, ob
er immer zur Sonntagsmesse gegangen ist. Ich habe in
der Familie beten gelernt. Meine Mutter sprach mir
abends vorm Schlafengehen die Gebete vor. Das war das
erste Gesicht, mit dem die Kirche mir begegnete.
Mit dem Krieg geriet die Familie auf den Weg des Exodus. Mein Vater wurde zum Militär eingezogen.
Im Winter 1940 ging es mir sehr schlecht. Ich hatte Lun-
genentzündung, man mußte mit dem Schlimmsten
rechnen. Keiner wußte mehr Rat. Ich wurde inständig
der Jungfrau von Lourdes anempfohlen, besonders zum
Tag ihrer Erscheinung am 11. Februar. Eine Besserung
trat ein. Meine Mutter betrachtete die Heilung stets als
Zeichen des Himmels.
Bei unserer Rückkehr nach Saint-Dizier fanden wir das
Haus unserer Familie wieder, es stand in einem ruhigen
Viertel nicht weit vom Stadtzentrum. Über den Hof
ging es zu einem tiefen, weitläufigen Weinkeller. Immer
wenn die Sirenen heulten, liefen die Nachbarn aus der
Umgebung in unseren Weinkeller zusammen, suchten
einen sicheren Ort zwischen den Fässern. Wenn wir das
dumpfe Dröhnen der Flugzeuge über uns hörten, griff
die Angst um sich. Einige fingen dann an, laut das *Ave
Maria* zu sprechen, und alle beteten mit.
Meine Schwester und ich lebten in einer privilegierten

Welt. Meine Eltern unternahmen alles, damit es uns
während des Kriegs und auch danach an nichts fehlte.
Ich war wohlbehütet.

Mein Vater zeigte sich uns gegenüber immer großzügig
und hat mich manchmal ganz ordentlich verwöhnt. Einmal nahm er mich mit in die Nachbarstadt Bar-le-Duc
und kaufte mir dort einen Satz Spielsoldaten, die ich
dann immer auf dem Schreibtisch in meinem Zimmer
aufmarschieren ließ. Ein andermal erhielt ich ein tolles
Flugzeug zum Aufziehen, dann wieder einen Hund oder
ein Fahrrad.

Ich kann mich nicht erinnern, als Kind so etwas wie ein
Lausbub gewesen zu sein. Bis zum Alter von dreizehn
Jahren war ich oft krank. Nach einem Rückfall mußte
ich einmal zur Erholung in die Vogesen und wohnte dort
einige Wochen in einer Familienpension. Ich war begeistert von der Natur, den Blumen und Schmetterlingen.
Ich trieb kaum Sport, und ich durfte es auch nicht. Mit
vielen Dingen kam ich nie in Berührung, vieles habe ich
nur aus zweiter Hand kennengelernt.

Ich hatte sehr früh schon das Gefühl, daß Gott mich
liebt, und diese starke geistliche Erfahrung ist nie wieder verschwunden. Es war das Gefühl, ständig von einer
Gegenwart umgeben zu sein; an dieser Präsenz Gottes
für mein Leben hatte ich keinen Zweifel.

Zweihundert Meter von unserem Haus entfernt lag das
Haus eines beschaulichen Schwesternordens, das »Klösterchen«, wie wir es nannten. Dort war die Eucharistie
Tag und Nacht zur Anbetung ausgesetzt. Ich mochte
diese blumen- und kerzengeschmückte kleine Kapelle.
Der Chorgesang, die Gottesdienste, der Weihrauch, der
zelebrierende Priester am Altar, für all das konnte ich
mich begeistern, das strahlte eine Atmosphäre von Frieden und Schönheit aus. Wenn ich mit meinem roten
Meßdienergewand und weißen Chorhemd im Klösterchen den lateinischen Choral der Ordensschwestern

hörte, fühlte ich mich wie im Paradies. Ich genoß diese
ruhige Welt, in der ich mich sicher fühlte.

Schon mit sechs Jahren diente ich morgens früh um sieben in der Messe. Um fünf Uhr nachmittags war ich
dann bei der Sakramentsandacht wieder dabei. Die
Nachbarn aus der Umgebung, die mich ständig dorthin
laufen sahen, nannten mich bald das »Klosterkind«.
Heute muß ich rückblickend selbst über so viel Treue
und Eifer staunen. Jeden morgen war ich da, immer eif-
rig bemüht, beim Ministrieren alles richtig zu machen.
Und das war, weiß Gott, nicht so einfach! Eine alte
Schwester hatte mir den Sinn der Handlungen erklärt
und alles mehrmals mit mir geübt, vor allem vor der
Karwoche.

Zu Fronleichnam im Juni zogen wir in der Prozession
durch den Klostergarten, der einzige Tag im Jahr, an dem
man in den Bereich der Klausur hineindurfte! Viele
Menschen zogen dann mit und auch viele Ministranten.
Ich hatte einen Korb voll Rosenblätter, um sie bei der
Prozession vor dem Allerheiligsten auszustreuen. Einmal kippte mir der Korb schon vor Beginn der Prozession um; ich stand traurig da mit meinem leeren Korb
und hatte nichts mehr zu streuen.

Schon mit sechs Jahren wollte ich Priester werden. Jesus
übte eine starke Anziehungskraft auf mich aus. Ich
wollte ihn lieben, ihm ähnlich sein, ihm nachfolgen. Ich
dachte, der beste Weg, ihm zu folgen, wäre wohl, Priester zu werden und die Messe zu lesen.

Am 18. März 1945 habe ich in der Kirche Notre-Dame,
unserer Pfarrkirche, voller Freude die erste heilige Kommunion empfangen. Christus kam zu mir, um in mir zu
wohnen, und ich lernte, in ihm zu sein.

Noch eine andere Kindheitserinnerung habe ich gut vor
Augen: die Befreiung Saint-Diziers von der deutschen
Besatzung. Damals war ich neun. Die amerikanischen
Panzer fuhren die Hauptstraße, die Rue de la Républi-

que, hinauf, die Menge jubelte vor Begeisterung, und die
als Helden empfangenen Befreier warfen den Menschen
kleine Päckchen zu. Ein Soldat schenkte mir damals
einen amerikanischen Football. Nicht lange danach
wurde diese – jetzt nicht mehr ganz so zahlreiche –
Menschenmenge bösartig. Man trieb Frauen durch die
Straßen, mißhandelte und bespuckte sie; man hatte ihnen die Haare abgeschnitten und brachte sie zum Gefängnis.
Ich meine noch zu hören, wie man mir sagte: »Schau da
nicht hin..., schau da nicht hin...«
Ich hatte keine Ahnung, was die Frauen getan hatten
und stellte auch keine Fragen, aber ich fühlte großes
Mitleid mit ihnen. Ich sagte nichts, und niemand ahnte,
wie sehr ich mich innerlich auflehnte. Ich glaube, ich
konnte noch nie ertragen, daß man Menschen demütigt.
Solche Regungen innerer Auflehnung habe ich in meiner Jugend nie geäußert. Dazu war ich wohl zu schüchtern und zurückhaltend. Ich kann mich auch nicht erinnern, daß ich mich einmal für einen ungerecht bestraf-
ten Kameraden eingesetzt hätte. Auch wenn mir manche Ungerechtigkeit bewußt wurde, hielt ich mich abseits. So bekam ich keine Unannehmlichkeiten. Ich bin
nicht mit Mädchen ausgegangen und ging auch nicht
tanzen. Vielleicht hatte ich schon ein gewisses Marken-
zeichen zu wahren: das schöne Bild vom braven und
netten Jungen, der keine Geschichten machte.
Ich besuchte damals ohne große Begeisterung die öffentliche Jean-Macé-Schule. Vom sechsten Schuljahr an war
ich dann bei den Salesianern im Kolleg. Dort war die Atmosphäre familiär und heiter, und die Patres standen
den Jugendlichen sehr nahe. Abends hörte ich gern das
»kleine Wort«, meistens irgendeinen Text im Geist Don
Boscos. Dieser Vagabund Gottes hatte es mir angetan
mit seinem Blick für die Jugendlichen in Schwierigkeiten. Er wußte nie, wie es mit all den Armen weitergehen

sollte, aber er legte alles in Gottes Hände, und das Unmögliche wurde möglich. Mit ihm konnte ich mich identifizieren. Genauso fand ich mich in den Filmhelden wieder, wenn wir gemeinsam mit der Familie einmal ins Kino gingen. Besonders die Wildwestfilme fand ich spannend, die großen Weiten, Burt Lancaster... Immer gewannen die Guten!

Am 6. Mai 1948 fand, wie in Frankreich üblich, meine »feierliche« Kommunion statt, am Himmelfahrtstag. Dazu kam so ziemlich die ganze Familie zusammen. Meine Mutter schenkte mir ein Meßbuch und schrieb als Widmung hinein: »Ich vertraue dich Jesus an, der dich so sehr liebt, und der heiligsten Jungfrau, die dich so wunderbar für ihren göttlichen Sohn bewahrt hat... und ich erbitte von ihnen, daß sie dich beschützen..., damit sich in den kommenden Jahren die Kraft festige, die dich an Ihn zieht, der das Ziel unseres Lebens ist.«

Zum ersten Bruch kam es im September 1954: Ich verließ Saint-Dizier, meine Familie, das »Klösterchen«, und trat ins Priesterseminar in Langres ein. Dieser Einschnitt war obendrein vom Leid überschattet, denn mein Vater war an Lungenkrebs erkrankt. Er wurde ins Krankenhaus von Villejuif gebracht, wo er bald darauf starb.

Im Seminar kenne ich keinen Menschen. Alles ist neu für mich. Die Erfahrung der Gemeinschaft ist mir ziemlich ungewohnt. Was wir selbst tun, ist nicht nur unsere Sache, und was die anderen tun, geht uns alle an. Jeder ist er selbst nur im Hinblick auf die anderen. Mit den Lehrern zusammen sind wir ungefähr zwanzig, und mit so viel Ordnung und Disziplin hatte ich nicht gerechnet. Aufstehen frühmorgens um sechs, Gang zur Kapelle zwanzig Minuten später. Abwechselnd sind wir an der Reihe, das Morgengebet und anschließend die Oration zu beten. Gegen 7 Uhr 30 ist die Messe zu Ende. Nach der Messe folgt die Danksagung, und danach gibt

es endlich das Frühstück. Nach einer viertelstündigen
Pause beginnen die Vorlesungen: Kirchengeschichte, Phi-
losophiegeschichte... von 9 Uhr bis zum Mittag. Das ist
mehr oder weniger spannend... Anschließend knien wir
zehn Minutenlang gemeinsam in einem Übungsraum zur
»Gewissenerforschung«: »Habe ich dieses getan? Habe
ich jenes unterlassen?« Manchmal bricht dabei das große
Gelächter aus... Nach dem Angelus gehen wir schwei-
gend in den Speisesaal. Während des etwa halbstündigen
Essens trägt einer im *Tonus rectus* die Tischlesung vor.
Danach ist Erholungszeit: Wir spazieren um ein großes
Blumenrondell herum, denn das Seminar liegt in der
Stadt, und es gibt wenig Platz. Und doch sind bei all dem
Freundschaften entstanden, die mich einer neuen Welt
öffneten.
Mir läuft heute noch ein Schauer über den Rücken, wenn
ich an die traditionelle und heikle Einstandsprüfung zu-
rückdenke, an die erste Predigt vor der versammelten Gemeinschaft. Die Zuhörerschaft hatte für mich etwas Be-
drohliches. Man durfte keinen Zettel benutzen. Anschließend kam die Kritik... Damals sagte man mir bereits, daß
ich viel mit den Händen herumfuchtle!
Im Seminar entdecke ich damals auch die Bibel, und ich
bin fasziniert. Gottes Wort ist wundervoll. Ich finde das
Studium der Evangelien ungemein spannend. Tag für Tag
nehme ich mir lange genug Zeit dafür, über die Lehre Christi zu meditieren. Im Innern denke ich dabei: Warum muß
man eigentlich ins Seminar eintreten, um solche Entdek-
kungen zu machen? Könnten nicht auch diejenigen aus
solchem Reichtum schöpfen, die mitten in der Welt stehen?
Eine neue Erfahrung war für mich auch die Wahl eines
geistlichen Begleiters: Mich vertrauensvoll einem anderen zu öffnen, der zuhören, verstehen und mir den Weg
erhellen kann. Ich überdachte neu meinen bisherigen Le-
bensweg, um besser wahrzunehmen, was Gott von mir er-

wartete. Schon bald schien sich mein Horizont aufzu-
hellen.

Damals las ich auch häufig geistliche Texte. An Franz
von Assisi gefiel mir die wundervolle Menschlichkeit,
die innige Leidenschaft für Jesus, die Liebe zur Kirche.
Daß er sogar einen Aussätzigen küssen konnte, das
machte mich betroffen. Im Testament des Franziskus
heißt es: »Der Anblick der Aussätzigen war mir unerträglich. Der Herr führte mich mitten unter sie. Ich
pflegte sie mit ganzem Herzen. Als ich wieder von ihnen ging, hatte sich alles, was mir bitter erschienen war,
in geistliche und leibliche Süße für mich verwandelt.«
Und dann Teresa von Ávila, sie machte großen Eindruck
auf mich. Was für eine Frau! Voller Leben, voller Emp-
findsamkeit und Mitgefühl. Bei allen ihren vielen Tätig-
keiten bewahrte Teresa immer Gottes Gegenwart und
eine große Zärtlichkeit im Herzen. Wohin sie ging, was
sie auch tat, Gott wohnte in ihr. Dieses Einwohnen Gottes in uns sprach mich stark an.

Nicht weniger fasziniert war ich von Charles de Foucauld. Weil seine Sehnsucht grenzenlos ist, kann er sich
nirgendwo festsetzen. Er sucht immer weiter, nimmt
Trennungen in Kauf, hält sich immer bereit für das Unvorhergesehene, geht immer noch einen Schritt weiter
auf den Spuren seines geliebten Bruders und Herrn Jesus
Christus. Auf diesem Weg war ich selbst unterwegs.

Solche Lichtblicke standen im starken Kontrast zum
grauen Seminaralltag, dessen Disziplin mir aus einem anderen Zeitalter übriggeblieben schien. Für die Übungs-
stunden im Gregorianischen Choral hatte ich wenig übrig.
Vom Lärm der Welt drang kaum etwas in diesen behüteten
Raum vor. Wir hörten kein Radio und bekamen nichts mit
vom Tagesgeschehen. Die einzige Brücke zur Außenwelt
waren einige Artikel aus der kirchlichen Zeitung *La
Croix*, die der Regens für die Tischlesung beim Frühstück
im Refektorium ausgesucht hatte.

Eigentlich litt ich gar nicht unter dieser Lebensweise. Ich meinte, man müsse eben lernen, von der Welt geschieden zu leben. Durch Tragen der Soutane und Tonsur brachte ich diese soziale Trennung sichtbar zum Ausdruck. Die Kirche stand damals mehr gegenüber der Welt als in der Welt. Eine weitere Begrenztheit lag im Mangel an echter Verantwortung. Wie sollte man sich bilden, ohne Verantwortung zu tragen? Mensch sein kann man nur im aktiven Tun. Leben gibt es nur in der Bewegung.

Unsere Lehrer im Seminar legten großen Wert auf die Institution. Wir liebten die mutige Treue an ihnen, aber uns schienen sie wenig geeignet, uns für die Zukunft vorzubereiten. Es war damals die Zeit des Algerienkriegs. Einer nach dem anderen mußten wir einrücken, und keiner bereitete uns auf die Auseinandersetzung mit diesem Drama vor.

Dann kam ein neuer Bruch, ein weiterer Schritt in die Fremde: Im Mai 1957 wurde ich zum Militärdienst einberufen. Ich kam zur Kolonialtruppe bei der Marineinfanterie in Fréjus zur Grundausbildung. Es war für mich wie ein Sprung ins volle Menschenleben, unter Soldaten aus allen möglichen Gegenden, und ich war glücklich über dieses ständige »Seit an Seit« auf engstem Raum. Bei zweiundsechzig Mann in einem Schlafsaal gab es keine Langeweile. Die Sprache war nicht gerade von der frommen Art. Sexuelle Dinge bekamen ihre Bedeutung. Manche meiner Kameraden konnten kaum schreiben, und ich mußte ihnen helfen, Liebesbriefe an die Freundin zu schreiben.

Die intensive Ausbildung bei Tag und Nacht für den Krieg in Algerien wirkte abstumpfend und uniformierend. In kurzer Zeit sollten wir vollkommene Befehlsvollstrecker für jede erdenkliche Situation werden. Die richtigen Soldaten für den Djebel. Ich weiß heute nicht mehr, wie ich diese absurden Übungen aushalten

konnte. Manchmal mußte ich mitten beim Exerzieren
laut lachen, dann war ich reif für eine Serie Liegestütze.
Nachts weckte man uns zu schweigsamen Märschen
mit Gewehr und Stahlhelm durch die südfranzösische
Garrigue. Ich betete dabei dann den Rosenkranz.
In der Tasche meines Kampfanzugs hatte ich meine Je-
rusalemer Bibel in Kleinausgabe. Wenn wir im Freien
kampierten, las ich ein Stück im Evangelium. Das
brachte frischen Wind.
Nach vier Monaten Grundausbildung werde ich für die
Offiziersschule vorgeschlagen. Ich bin nicht traurig,
endlich aus dem Lager herauszukommen, wo ich mich
wie im Exil fühle. Von da an bin ich für sechs Monate in
Cherchell in Algerien. Das Mittelmeer ist wunderbar,
aber wo Krieg herrscht, ist nichts mehr schön. Und die
Ausbildung ist genau so hart wie vorher: Läufe über
Kampfbahnen, Gefechtsübungen, Nachtwachen, Mär-
sche, ewig mit dem schweren Helm auf dem Kopf, Be-
lehrungen. An einen Vortrag kann ich mich noch gut
erinnern: Im Theater von Cherchell erläuterte uns ein
Oberst und Experte für psychologische Kriegsführung
die Notwendigkeit eines französischen Algerien als
Schutzwall des Abendlandes gegen den Vormarsch des
Kommunismus. Ginge Algerien verloren, würde Frankreich alsbald »wie eine reife Frucht« der marxistischen
Ideologie in den Schoß fallen. Ein französisches Algerien bildete die letzte Abwehrmauer gegen diese
schreckliche Bedrohung. Auf solche Art und Weise
meinte man, uns psychisch bearbeiten zu müssen, um
allen »defätistischen« Versuchungen vorzubeugen.
Die Monate verstrichen, und ich konnte mir immer weniger vorstellen, als Zugführer eine Einheit ins Gefecht
zu führen. Ich fühlte mich wie auf einer Autobahn,
wenn man die Ausfahrt verpaßt hat.
Zum Glück suchte man am Ende des Lehrgangs Freiwil-
lige für Verwaltungssondereinheiten. Es ging um den

Auftrag einer »Befriedung« der Bevölkerung. Ohne Zögern meldete ich mich freiwillig. Nach einem einmona-
tigen Lehrgang in Algier, der uns mit islamischen Traditionen und ein paar Grundkenntnissen der Landesspra-
che vertraut machen sollte, wurde ich in die Gegend
von Sétif, in ein Hochland, über 1000 Meter hoch gelegen, zur Einheit von Maoklane versetzt, weitab von jeder Garnison. Die Region gilt als »Unsicherheitszone
ersten Grades«. Die Landschaft ist ziemlich bergig, wenig bewachsen, die spärliche Bevölkerung lebt weit ver-
streut. Die bescheidenen Behausungen heben sich kaum
von ihrer Umgebung ab. In dem kleinen Dorf Maoklane
steht ein weißer Bau, ein Bordj. Hier wohnt der Führer
der Verwaltungstruppe, ein Leutnant mit etwa dreißig
Moghaznis (Arabern und Kabylen) und einigen von ihren Einheiten abkommandierten Militärs. Der Leutnant
war bei einem Feuerüberfall verletzt worden und sollte
nach Frankreich zurückkehren. Nun soll ich seinen Posten übernehmen.
Schlagartig in ein fremdes Land versetzt, mußte ich lernen, meinen Glauben in der Einsamkeit, ohne Gemeinschaft, ohne alle Anpassungshilfen zu leben. Ich fand
zur Grunderfahrung meiner Kindheit zurück, zur Ge-
wißheit, von Gott geliebt zu sein, zum Gespür für seine
Gegenwart in mir. Zum erstenmal wohnte ich im Haus
der anderen, weit weg von der Kirche, von der Familie,
vom Seminar. Bis dahin hatte ich immer wohl behütet
gelebt, und eigentlich hätte ich Angst haben müssen.
Tatsächlich war ich eher neugierig. Als Christ im Exil
lebte ich bescheiden meinen Glauben inmitten von anderen Glaubensüberzeugungen, anderen Sitten, und die
Begegnung mit ihnen wurde für mich zur Quelle meines
Betens. Das Leben bei den Muslimen war für mich eine
große Bereicherung.
Sehr bald fand ich eine Zuneigung zu den Menschen auf
diesem Plateau. Die Bevölkerung war arm, in den Woh-

nungen gab es weder Wasser noch Strom, es gab keine
Straßen. Die Leute konnten weder lesen noch schreiben.
Mit ein paar Haustieren und einem kargen Stück Land
hatten sie so eben das Nötige für ihren Lebensunterhalt.
Für sie kam der Reichtum per Postanweisung aus Frankreich, wenn die in Frankreich arbeitenden Angehörigen
großzügig etwas als Manna nach Hause schickten.
Ich fahre zusammen mit den Moghaznis über die Dörfer
und treffe mich mit Familien bei einer Tasse Tee. Es gibt
da so viele Dinge anzuhören, so viele Angelegenheiten
zu regeln! Es geht um Pläne für eine Straße, um Wasser-
leitungen, um den Bau eines Klassenraumes. In solche
Aufgaben der »Befriedung« steckt Frankreich eine
Menge Geld.
Eines Tages erfahre ich in einem Dorf, daß der Oberst
gerade da ist und die Schule besucht. Ich gehe hin, ihn
zu begrüßen. An die fünfzig kleine Kinder mit großen
Augen sitzen da vor uns. Der Lehrer scheint nervös und
hofft wohl, daß alles gut über die Bühne geht. Der
Oberst wendet sich an mich: »Kennen Sie die Zehn Gebote, Gaillot? Passen Sie gut auf, die sollen Sie jetzt mal
hören.« Er dreht sich den Kindern zu und ruft: »Auf
geht's!« Und alle sagen sie nun im Chor die Zehn Gebote auf: »Algerien bleibt französisch..., Algerien
bleibt...« Jedes »Gebot« klingt wie das vorherige. Ich
gestand dem Oberst anschließend, daß mir diese moderne Version der Zehn Gebote bislang völlig unbe-
kannt gewesen war...
Mehrmals in der Woche warteten die Leute in einer langen Schlange vor dem Verwaltungsgebäude. Die einen
kamen, um sich in der Krankenstation versorgen zu lassen, andere holten das Geld der besagten Überweisun-
gen ab oder ließen ihre Passierscheine abstempeln, ohne
die keiner frei umherfahren durfte, manche kamen auch
zu mir, damit ich mich bei den Militärbehörden für die
Freilassung von Gefangenen einsetzte.

Zum erstenmal in meinem Leben mußte ich Verantwortung übernehmen, eigene Initiativen in verschiedensten Bereichen ergreifen, Probleme selbst lösen.
Die Bevölkerung will weiter nichts als ruhig und in Frieden leben. Tatsächlich aber ist sie ständig zwischen Algerien und Frankreich hin und hergezerrt. Sie ist von den ständigen Ansprüchen der algerischen Widerstandsbewegung (der »Fellaghas«) und der französischen Militärs innerlich zerrissen.
Die »Fellaghas« sind mit dem Milieu bestens vertraut. Immer wieder tauchen sie plötzlich in den Dörfern auf. Welche Familie hätte nicht einen der Ihren im Untergrund? Wer die Widerstandsbewegung irgendwie unterstützt, geht ein gefährliches Risiko ein. Die Militärs unternehmen alles Erdenkliche, um Informationen über sie zu erhalten. Es kommt unweigerlich zu Repressalien: Häuser werden durchsucht, in Brand gesteckt, Menschen werden als Gefangene zum Militärposten abgeführt.
Solche Gefangene werden in stacheldrahtumzäunten Lagern eingesperrt. Tagsüber müssen sie bei jedem Wetter Steine zerkleinern für den Straßenbau. Zu essen bekommen sie nur das, was ihnen die Familie ins Lager bringt. Es ist ein bewegendes Bild, wie kleine Kinder die langen Wege über die Berge zurücklegen, um ihrem Vater das Essen zu bringen... Wenn ich mit dem Jeep auf den Straßen unterwegs bin, flehen mich die Gefangenen um ihre Freilassung an. Für einige konnte ich das auch erreichen. Aber es war herzlich wenig, was ich tun konnte.
Seghir, ein Moghazni unseres Postens, war unser Chauffeur. Manchmal begleitete er mich auf meinen Dienstfahrten. Die Militärs wollten ihn verhaften lassen, weil er mich irgendwelchen Informationen nach umlegen sollte. Ich widersetzte mich seiner Festnahme. Eines Tages aber war Seghir gerade auf Urlaub bei seiner Familie,

als ihn die Militärs zu Hause überraschten. Wenige Tage
später starb er an den Folgen schrecklicher Folter. Er war
gerade zwanzig und stand kurz vor der Hochzeit. Die
Militärbehörden, bei denen ich protestierte, erklärten
ihr Bedauern...

Eines machte mich besonders betroffen. Viele Soldaten,
die aus Frankreich eintrafen, zeigten Gefühle der
Menschlichkeit und der Achtung vor der Würde des
Menschen gleich welcher Herkunft. Nach kurzer Zeit
aber schon waren sie ins Räderwerk der Gewalt geraten
und waren nicht mehr wiederzuerkennen. Nach der ersten Feuertaufe, nach einem blutigen Überfall aus dem
Hinterhalt waren sie plötzlich zu allem bereit, um ihre
gefallenen Kameraden zu rächen. Gewalt zeugte Gegen-
gewalt. In einem solchen Teufelskreis wird die Folter
alltäglich. Die gefoltert haben, schleppen lebenslang
eine Wunde mit sich, die nicht verheilen will und von
der sie nie sprechen wollen.

Diese fast tägliche Begegnung mit der Gewalt brachte
mich durcheinander. Sie versetzte Menschen in Angst
und vergrößerte ständig den Abgrund zwischen den algerischen und französischen Gruppen. Mir wurde dabei
klar, daß Gewalt keine Konflikte beseitigt und daß Waffenlärm nicht den erhofften Frieden bringt. Ich suchte
nach Alternativen. Die Notwendigkeit der Gewaltlosigkeit zeichnete sich immer stärker in mir ab, noch ehe
ich diesen Begriff kennengelernt hatte. Nach meiner
Rückkehr nach Frankreich entdeckte ich dann mit bren-
nendem Interesse die Schriften eines Gandhi und Martin Luther King. Ich bedaure heute, daß man mich nicht
früher zur Kraft der Gewaltlosigkeit hingeführt hat, die
für mich ein Zeichen unserer Zeit ist.

Was immer man während des Algerienkrieges in Frankreich sagte und schrieb, stieß bei den Militärs und den
Franzosen in Algerien stets auf große Resonanz. Ich
hätte es begrüßt, wenn die Kirche Frankreichs oder bes-

ser die Kirchen in der Mehrzahl laut und deutlich die
Folter verurteilt hätten. Die Situation erforderte um der
Menschenwürde willen etwas anderes als bloßes
Schweigen. Es wäre eine prophetische Tat gewesen,
hätte die Kirche zum Ungehorsam gegenüber Befehlen
aufgefordert, die ganz offenkundig mit der Würde der
menschlichen Person unvereinbar waren.

Glücklicherweise gab es wenigstens in Algier einen Hirten, der über sein Volk wachte. Mit mutigen Stellungnahmen, die der Kirche zur Ehre gereichen, bereitete Bischof Duval die Wege zum Frieden mit vor.

Nach zwei Jahren Aufenthalt in Algerien kehrte ich
nach Frankreich zurück. Während dieser ganzen Zeit
wurde mir immer klarer, wie sehr das Evangelium eine
Botschaft der Befreiung ist und daß die Verkündigung
dieser Botschaft der größte Dienst war, den ich erbrin-
gen konnte. Während meiner gesamten Militärzeit hat
mich die Botschaft Christi begleitete: »Der Geist des
Herrn ruht auf mir... Er hat mich gesandt, damit ich
den Armen eine gute Nachricht bringe, damit ich den
Gefangenen die Entlassung verkünde und den Blinden
das Augenlicht« (Lk 4,18). Und ich träumte von einer
Kirche, die den Menschen frei macht...

Ohne Zögern kehrte ich ins Seminar zurück, diesmal
nach Châlons-sur-Marne. Ich hatte schon immer den
Wunsch, Gottes Wort so weit wie möglich hinauszutra-
gen, daher wollte ich in die Mission nach Übersee. Der
Bischof hörte davon und bat mich »im Gewissen«, in
der Diözese zu bleiben, weil er mich brauchen würde.
Zur Fortsetzung meines Studiums schickte er mich
nach Rom.

Als ich zu Herbstbeginn nach Rom kam, war ich von
dieser Stadt begeistert: die Piazza Navona, die Brunnen,
die Lichter, Sonnenuntergänge vom Monte Pincio aus,
die Lebensart der Römer... Ich lernte die Stadt voller
Geschichte und die Kultur dieses Volkes kennen. Es war

unglaublich, wie ich Italien genoß! Italiens Geist muß
man auch aus seinen Landschaften herauslesen! Nie
war ich so viel unterwegs, und es kostete obendrein
nicht viel. Per Anhalter fuhr ich überall herum. Ich war
damals gerade dreiundzwanzig und ständig auf Abenteuer aus: Florenz, Ravenna, Neapel, Sizilien... Unterkunft fand ich bei Freunden, oft auch in einem Kloster,
etwa bei den Franziskanern in Assisi...
Wenn man eine Stadt wirklich sehen will, muß man zu
Fuß gehen. Besonders gefiel mir Siena, und von Florenz
war ich fasziniert. Ich erinnere mich an ein Weihnachtsfest in Neapel: die lärmende Frömmigkeit, die Gesten
und Rhythmen, eine Religiosität, die sich in ihrer Vitali-
tät lautstark Ausdruck verschaffte! Ich habe Italienisch
gelernt und bin immer mehr Menschen, Priestern, Gemeinschaften begegnet... Manchmal war ich so braun-
gebrannt, daß ich mich zwei Tage vor den mündlichen
Examen im Seminar einschloß, um wieder etwas blasser
zu werden!
Im französischen Seminar, wo ich lebte, herrschte eine
Art des Glaubens, des Betens und der Öffnung, die mich
stark geprägt hat. Ich werde nie die Gesichter derer vergessen, die jeden Morgen in der Seminarskapelle beteten.
An manchen Abenden gab es geistliche Vorträge. Eine
denkwürdige Ermahnung erteilte uns einmal der Regens
des Seminars. Er hatte uns die Leviten gelesen und uns
neu klargemacht, daß sich die Seminaristen laut Haus-
ordnung gegenseitig mit Sie anzureden hatten, wobei
Ausnahmen nur in den Fällen zulässig waren, wo ver-
wandtschaftliche Beziehungen oder schon langjährige
Freundschaften bestanden. Wir sollten diese Regel doch
beherzigen, da ja einige von uns vielleicht später Bischof
werden würden; es würde ihnen später um so leichter
fallen, Befehle zu erteilen. Die Équipe der Verantwortlichen kam uns ein wenig überholt vor...

Diese Jahre damals in Rom waren die Zeit des guten Papstes Johannes, der außerordentlich populär war. Seine Worte, Gesten und Initiativen brachten Frühlingsluft mit sich. Johannes XXIII. liebte die Frauen und Männer seiner Zeit. Er schickte sich an, die Türen der Kirche aufzustoßen und frischen Wind hereinzulassen. Wir spürten, daß mit ihm vieles neu möglich werden sollte. Die Ankündigung des Konzils erfüllte uns mit großer Freude. Wir führten damals unter Seminaristen heiße Debatten, wenn wir zusammen in einer Trattoria saßen.

Einmal war der Erzbischof von Karthago mit seinem Generalvikar, dem jetzigen Bischof von Toulouse, zu Besuch in Rom. Er lud mich ein, ihn zur Audienz bei Johannes XXIII. zu begleiten. Der Papst bemerkte meinen damals schon spärlichen Haarwuchs und sagte auf Italienisch: »Sein Kopf fängt auch schon an, nach der Sonne zu schauen.«

2. Der frische Wind des Konzils

Am 18. März 1961 wurde ich zum Priester geweiht. Da ich in den Dienst der Diözese Langres treten würde, wollte ich auch in Langres und nicht in Rom geweiht werden. Während der Fahrt im *Palatino*, dem Schnellzug, der mich nach Frankreich zurückbrachte, erschien mir diese Weihe gleichsam als Ziel eines langen Weges und zugleich als Anfang eines neuen Abenteuers. Wie viele Menschen hatten mir mit ihrer Freundschaft und ihrem Zeugnis vom Evangelium geholfen, Priester zu werden! Wie viele Menschen warteten noch auf meinem Weg, um mir zu helfen und mich zu erleuchten!

Der Bischof von Langres war alt und krank. Er konnte nur noch mühsam gehen, aber die Freude, seine letzte Priesterweihe zu spenden, gab ihm noch einmal neue Kraft. Die Feier fand in einem Raum des Seminars statt, der als Kapelle diente, nicht in der großen, schönen Kathedrale. Eine von außen gesehen etwas armselige Weihe ohne Prozession, Chor und Predigt, aber doch in völliger Intensität erlebt. Alle meine Entscheidungen hatten auf diesen großen Augenblick hingeführt.

Am Tag danach feierte ich meine erste Messe im »Klösterchen« von Saint-Dizier. Es war ein Fest. Mir schien, als ob die Schwestern vor lauter Rührung gar nicht so singen konnten wie sonst. Und ich selbst war auch gerührt. Am Sonntag darauf folgte das feierliche Hochamt in der überfüllten Pfarrkirche. An meiner Seite achtete unser Pfarrer genau darauf, daß ich die vorgeschriebenen liturgischen Rubriken auch einhielt. Ich war glücklich, mitten in diesem versammelten Volk zelebrieren zu dürfen, und das Begrüßen danach wollte kein Ende nehmen,

von der Hebamme, die mir zur Welt verholfen hatte, bis
zu den ehemaligen Klassenkameraden, die zu meiner
Überraschung gekommen waren.
Die Karwoche stand bevor. Der Bischof bat mich, in der
Pfarrei von Joinville auszuhelfen, wo gerade der Pfarrer
verstorben war. Dort habe ich die ersten Beichten gehört.
Über Stunden bewunderte ich die Einfachheit und den
Glauben derer, die mir so ihr Inneres öffneten. Am lieb-
sten hätte ich mich bei jedem bedankt. Mir schien das
Bußsakrament als das wohl menschlichste aller Sakramente.
Nach den Ostertagen kehrte ich nach Rom zurück und
setzte mein Studium fort. Im Sommer konnte ich endlich einen alten Plan verwirklichen, eine Pilgerfahrt ins
Heilige Land, eine Hochzeitsreise in das Land Jesu im
Jahr meiner Priesterweihe.
Ich war überwältigt von Jerusalem und besonders beeindruckt vom Heiligen Grab. Ich hielt mich gern und lange
an diesem ehrwürdigen Ort auf. Ich erinnere mich an
einen Kopten, der dort betete und dessen Gesicht mir un-
vergeßlich bleibt: der Gedanke an das Leiden Christi und
an seinen Tod für die Menschheit nahm mich ganz gefangen. Hier war Jesus zu einem Ausgestoßenen geworden,
hier hatte man ihn verurteilt, hier mußte er Spott und
Schande über sich ergehen lassen. Hier hatte er die Gewalt und Ungerechtigkeit der Welt auf sich gezogen. Hier
war er in den Tod gegangen wie jeder Mensch.
Aber der Grabstein wurde weggeschoben. Gott hat Jesus
auferweckt. Christus lebt für immer. Hier ist er Maria
Magdalena erschienen. Das große Abenteuer der Liebe
und der Vergebung geht für uns weiter.
Ganz früh morgens ging ich durch die noch menschen-
leeren Straßen der Stadt zum Grab Christi, um dort die
Messe zu feiern. Ich konnte den richtigen Weg nicht finden, ich fragte einen Bäcker, der an seinem Ofen schon
bei der Arbeit war, und er zeigte mir den Weg...

Nach meiner Rückkehr aus Jerusalem entdeckte ich eine
weitere denkwürdige Stätte: Lisieux. Der Zug fuhr durch
Évreux, aber ich konnte nicht ahnen, daß ich dort einmal
Bischof werden würde. Zusammen mit den Geistlichen
von Lisieux beteiligte ich mich am Dienst des Beichthö-
rens und Predigens, für mich eine wertvolle pastorale Erfahrung in der Art, wie Menschen sich dort begegneten
und wie sich ganze Lebenswege erneuerten. Vor allem
aber lernte ich Theresia von Lisieux und ihre Erfahrung
des Unglaubens besser kennen. Ihre Seele war umgeben
von dichtester Finsternis. Der Gedanke an den Himmel
brachte für sie innere Kämpfe und Zerrissenheit. Theresia fühlte sich mit den Sündern solidarisch und wollte
mit ihnen auch solidarisch bleiben. Sie war bereit, mit
ihnen am Tisch zu sitzen und so lange wie nötig bei ihnen zu bleiben.
Ihre Prüfung schien mir sonderbar modern. Theresia
weist die Richtung. Die Christen stehen nicht über oder
neben den anderen, sie sind nicht die Selbstgerechten im
Vollbesitz von Licht und Wahrheit. Sie stecken mitten
drin im Gewühl und kennen die Dunkelheit der Nacht.
Ich hatte mir nicht vorgestellt, wie rasch und wie weit
Theresia auf diesem Weg vorangekommen war.
Bis zur Beendigung meines Studiums in Rom blieb mir
noch ein Jahr. Wie gut es tat, in dieser Luft zu atmen!
Johannes XXIII. gab der Kirche ein neues Gesicht der
Menschlichkeit und des Verstehens. Angst und Prinzi-
pienstrenge wichen dem Dialog und der Öffnung. Die
Kirche stand nicht mehr »mit dem Rücken zur Wand«.
Als guter Hirte wollte der Papst das Beste für sein Volk,
und er erinnerte wieder daran, daß die Zukunft den Ge-
ringen gehört.
Am 11. Februar, dem Tag der Erscheinungen vor Berna-
dette in Lourdes, lud Johannes XXIII. die Studenten des
französischen Seminars ein zu einer Begegnung an der
Grotte, einer Nachbildung der Grotte von Lourdes in den

Gärten des Vatikans. Peinlich: Es war mitten in den Fe-
rien, und viele von uns waren gar nicht anwesend. Der
Regens trommelte uns eilig zusammen. Viele waren wir
nicht, aber nun ja... Johannes XXIII. empfing uns und
setzte sich auf seinen Sessel. Ich dachte, wir würden nun
erst einmal den Rosenkranz beten. Aber nein – er spricht
ganz einfach nur mit uns. Er ist glücklich, sich mit uns zu
unterhalten.

Johannes XXIII. hatte ein Gleichnis aus dem Evangelium
auf sich bezogen, das er gern noch weiter entfaltete: »Ich
bin aus dem Boot gestiegen«, sagte er, »und ich gehe
übers Wasser Christus entgegen, der uns ruft. So muß
sich auch die Kirche aus ihren Gewißheiten lösen. Sie
muß die Sicherheit des Bootes verlassen und ihrerseits
über das Wasser gehen. Es ist Nacht, es ist stürmisch, die
Angst ist da. Aber wir dürfen nicht wieder zurück. Die
Kirche ist dazu gerufen, sich der Welt zu stellen.«

Als im Oktober 1962 das Konzil eröffnet wurde, war ich
schon wieder in Frankreich. Für mich unerwartet und
ohne mich zu fragen, schickte mich der Bischof von
Langres zu weiteren Studien ans Liturgische Institut
nach Paris und ernannte mich gleichzeitig zum Mitglied
der Leitungsequipe im Priesterseminar von Châlons-sur-
Marne; außerdem teilte er mich der Pfarrei von Gigny zu,
einem Stadtviertel von Saint-Dizier. Zwei Jahre lang pen-
delte ich nun jede Woche zwischen diesen drei Polen hin
und her.

In Paris fand ich mich wieder in der Rolle des Studenten,
ich lernte die Geschichte der Riten und Sakramente aus
den Quellentexten und liturgischen Bräuchen des Volkes
Gottes kennen. Historisches Wissen hilft, manche ver-
meintlich unabänderlichen Dinge zu relativieren und
sich stärker im Wesentlichen zu verankern.

In Châlons-sur-Marne bin ich für die Aufgabe der geistlichen Begleitung der Seminaristen zuständig, eine
schwerwiegende Verantwortung, die mir besonders hei-

lig ist. Ich gebe mir dabei die größtmögliche Mühe; die
Seminaristen teilen mir ihr Staunen, ihre Probleme,
ihre Zweifel mit. Dieser sehr anspruchsvolle gemeinsame Weg ist für mich selbst eine Bereicherung. Ich
achte besonders auf ihre Freiheit und suche zu helfen,
daß die beste Saat in ihnen aufgehen kann. Ich möchte,
daß sie über ihr Leben und ihre Zukunft selbst verantwortlich entscheiden.

Aus meiner Arbeit in Saint-Dizier ist mir vor allem die
Katechese donnerstags morgens in Erinnerung, das Echo
der Kinder und Jugendlichen auf das Wort Gottes.

In der Diözese von Langres gab es eine Priestergemein-
schaft des Charles de Foucauld. Ich bat, an ihr teilnehmen zu dürfen. Es war ein Ort der Freiheit, des Teilens
und Betens. Wir stützten uns gegenseitig im Geist des
Charles de Foucauld, um unseren priesterlichen Dienst
in Solidarität mit den Ärmsten zu leben, um in unserem
geschäftigen Leben Raum zu schaffen für das Gebet und
die eucharistische Anbetung.

Im Jahr 1965 beginnt für mich ein neues Kapitel. Ich
werde ins Seminar von Reims gesandt, wo man von jetzt
an die Seminaristen der ganzen Region zusammenfaßt.

Im Sommer mache ich die dreißigtägigen Exerzitien des
Ignatius bei den Jesuiten in Clamart. Ich bin dort gleichzeitig mit einem Priester, der später einmal Erzbischof
von Paris werden soll, ein anderer ist mein künftiger
Erzbischof von Rouen. Diese lange Zeit des Schweigens
bildet einen Wendepunkt in meinem Leben. Wie soll
man das Priestertum in der eben entstehenden konziliaren Kirche leben? Wie soll ich den Dienst ausüben, der
mir innerhalb einer Institution anvertraut ist, die sich
ihrer Seinsweise und Sendung nach so tiefgreifend er-
neuert?

In Rom geht damals gerade das Zweite Vatikanische
Konzil zu Ende, und alles fängt neu an. Es ist die Zeit
der verheißungsvollen Aufbrüche. Ein wundervoller Re-

genbogen leuchtet über der Kirche Christi. Die Sonne
bricht plötzlich durch die Wolken.

Erstaunliche Kirche des Konzils! Sie stellt sich nun als
Verteidigerin auf die Seite des Menschen, und zwar jedes Menschen, ob er glaubt oder nicht. Mit viel Verständnis und Sympathie verkündet sie ihre Solidarität
mit der gesamten Menschheitsfamilie in den unver-
gleichlichen Worten: »Freude und Hoffnung, Trauer und
Angst der Menschen von heute, besonders der Armen
und Bedrängten aller Art, sind auch Freude und Hoffnung, Trauer und Angst der Jünger Christi. Und es gibt
nichts wahrhaft Menschliches, das nicht in ihrem Herzen seinen Widerhall fände.«

Erstaunliche Kirche des Konzils! Sie ist gar nicht steif
oder kontaktscheu. Sie drückt nicht auf die Bremse, verurteilt nicht mehr. Und so trifft sie wieder den Ton der
Propheten mit den Feuerworten des Evangeliums. Sie
spricht von den Zeichen der Zeit. Sie wagt zu behaupten, das Evangelium stehe »im Einklang mit dem Grund
des menschlichen Herzens«. Sie scheut sich nicht, zum
besseren Verständnis der Botschaft des Evangeliums die
»Erfahrung aller« mit in Betracht zu ziehen. Ihr Augenmerk gilt den Äußerungen des Geistes in allen menschlichen Handlungen, von den einfachsten bis zu den
kunstvollsten. Mit Mut schaut sie weit voraus.

Erstaunliche Kirche des Konzils! Sie ist weder intole-
rant, noch überheblich noch selbstzufrieden. Sie präsen-
tiert sich als Volk Gottes unterwegs, ein Volk auf dem
Weg durch die Geschichte der Menschen mit all ihren
Schwerfälligkeiten und Schwierigkeiten. Sie steht mitten in der Welt von heute, im Dialog mit ihr. Sie lernt,
daß sie von der Welt auch zu empfangen hat.

Erstaunliche Kirche des Konzils! Es ist die Kirche von
Pfingsten, deren Zunge sich auf einmal löst. Die Zeiten
des Schweigens und der Zensur sind vorbei. Das Wort
hat freie Bahn. Die Christen ergreifen das Wort. Ein

Windstoß der Geschwisterlichkeit durchweht die Gemeinden.

Erstaunliche Kirche des Konzils! Sie verzichtet auf ihre Privilegien. Ein neuer Elan treibt sie zu denen, die von aller Welt verlassen sind. In der Nachfolge Christi will sie dienen und arm sein. Eine solche Kirche weckt Hoffnungen. Viele Laien und Priester atmen diese frische Luft in vollen Zügen. Sie schenken ihrer Kirche Vertrauen, wenn sie ihre Türen weit öffnet.

Das Zweite Vatikanische Konzil war wie eine ungeheure Welle. Und für mich war es eine Befreiung. Meine Gewohnheiten ändern sich, meine Überzeugungen wandeln sich. Ich fühle mich in vielerlei Hinsicht in meinen Vorahnungen bestätigt. Voller Freude vernehme ich etwa, daß die Sendung der Priester vorrangig darin besteht, das Evangelium zu verkünden; daß die Priester »allen Menschen als ihren Brüdern begegnen« (PO * 3). »Sie vermöchten aber auch nicht den Menschen zu dienen, wenn diese und ihre Lebensverhältnisse ihnen fremd blieben.«

Ich trage von da an nicht mehr die Soutane: ein Zeichen, wie bedeutsam der eingetretene Wandel ist. Der Priester ist nicht mehr weithin sichtbar vom Leben der Leute getrennt, noch ist ihm deren Leben fremd. »Mit allen nämlich, die wiedergeboren sind im Quell der Taufe, sind die Priester Brüder unter Brüdern« (PO 9). Der Priester gehört nicht zu den Honoratioren, er ist mit auf dem Weg. Und die Getauften sind für ihn echte Partner. Die Priester »sollen gern auf die Laien hören, ihre Wünsche brüderlich erwägen und ihre Erfahrung und Zuständigkeit in den verschiedenen Bereichen des menschlichen Wirkens anerkennen, damit sie gemeinsam mit ihnen die Zeichen der Zeit verstehen können« (PO 9).

Damit ist freilich noch nicht alles geregelt. Zum Glück!

---

* PO = Dekret über Dienst und Leben der Priester »Presbyterorum ordinis«

Völlig neuen Situationen gegenüber ist Kreativität verlangt. Das fordert auch das Konzil: »Der gleiche Heilige Geist, der die Kirche antreibt, neue Wege zur Begegnung mit der gegenwärtigen Welt zu eröffnen, rät auch entsprechende Anpassungen des priesterlichen Dienstes an und fördert sie« (PO 22).

In einer persönlichen symbolischen Geste verbrenne ich alle meine Vorlesungsmitschriften aus Rom. Das Konzil bedeutet eine derartige Erschütterung, daß ich bei Null neu anfangen muß, um alles von den Konzilstexten her neu aufzubauen, eine enorme, aber faszinierende Arbeit – meine Lampe brennt meist bis spät in die Nacht hinein.

Die Seminaristen, für die ich Verantwortung trage, erwarten viel von den in Gang gekommenen Auseinandersetzungen. Sie verfolgen sie neugierig und aufmerksam. Erzbischof Marty, der spätere Pariser Kardinal und damalige Erzbischof von Reims, berichtete einmal nach seiner Rückkehr aus Rom auf seine herzliche Art bei uns im Seminar. Er sprach von seiner »Bekehrung zum Konzilsbischof« und forderte uns auf, uns auf diesen großen Erneuerungsstrom entschlossen einzulassen.

Was mein priesterliches Leben betraf, so spürte ich zwei Ansprüche, gerade auch, um meinen Beitrag zur Ausbildung der Seminaristen leisten zu können. Die erste Forderung schien mir schon fast evident, so sehr drängte sie sich auf: die Verbindung zu den Armen. Wie soll man Seminaristen ausbilden, wenn man selbst keinen Zugang zu den Ausgegrenzten hat? Davon wird ja die gesamte Lebensweise, die Art zu unterrichten und zu führen mitgeprägt. Ich hatte damals eine Aufgabe in der Gefängnisseelsorge in Reims übernommen und erlebte diesen Dienst als fesselnd und anspruchsvoll. Ich hatte den Seelsorger zu vertreten, der an Krebs erkrankt war. Der Direktor hatte mir genehmigt, mich frei zwischen Zellen und Hof zu bewegen. Ich feierte dort die Messe und

einmal sogar eine Taufe. Vor allem aber hörte ich den
Gefangenen zu und nahm mir die Zeit, mit ihnen zu
sprechen. Ich nahm Kontakt auf zu ihren Familien und
setzte mich für ihre Wiedereingliederung nach der Entlassung ein. Einmal saß ich im Büro der Sozialarbeiterin
im ersten Stock und diskutierte mit einigen Gefangenen. Es war schon dunkel geworden, und als ich nach
dem Lichtschalter suchte, löste ich versehentlich die
Alarmanlage aus. Es gab ein unbeschreibliches Durcheinander...
Einige Seminaristen mit viel Gespür für die Armen nahmen mich außerdem mit in einen sozialen Brennpunkt
am Stadtrand von Reims. Eine triste Gegend. Inzwischen hat man die Siedlung abgerissen und dafür ein
paar große Wohnblocks im sozialen Wohnungsbau hin-
gestellt. In diesem Armutswinkel wohnten damals neben Ausländern auch französische Familien. Alle lebten
sie in unbeschreiblichen Elendsquartieren, Bretterbu-
den und alten Wohnwagen. Bei diesem Anblick tauch-
ten ferne Erinnerungen wieder auf, und ich spürte die
Empörung aus meiner Kindheit wieder hochkommen.
Als ich noch Schüler der Mittelstufe war, vielleicht
zwölf oder dreizehn Jahre alt, besichtigten wir mit
einem Lehrer eine Fabrik in Saint-Dizier, eine Eisengie-
ßerei. Es war wie ein Sprung in die Vergangenheit, zurück ins neunzehnte Jahrhundert. Hochöfen spuckten
Feuer, und der Lärm war ohrenbetäubend. In diesem
Lärm und in der Hitze arbeiteten Menschen ohne jeden
Schutz. Ich hatte zwar Bücher von Zola und van der
Meersch gelesen, aber ich konnte mir keine unmensch-
lichere Situation vorstellen. Diese Welt war die Hölle.
Ich war tief betroffen. Ich ahnte etwas von der Lebens-
wirklichkeit der Arbeiter.
Die Bewohner der Barackensiedlung freuen sich dar-
über, daß wir den Sommer über zu ihnen kommen.
Neue Verbindungen werden mit Menschen geknüpft,

die sich bereits ausgestoßen und verlassen fühlten. Sie
betrachten uns als vielbeschäftigte Leute und fühlen
sich schon durch die kurze Zeit aufgewertet, die wir mit
ihnen verbringen. Genau da ist mein Weg. Von jetzt an
stelle ich mich in den Dienst einer Kirche für die Armen. Auch in Rom beschäftigte sich damals eine
Gruppe von Konzilsbischöfen mit diesem Thema. Man
nannte sie die »Bischöfe der Armen«, und einer von ihnen hieß Helder Camara.
Die zweite Anforderung bestand für mich darin, mich
einer Pfarrgemeinde in Reims anzuschließen, damit die
pastorale Dimension in meiner Lehrtätigkeit nicht zu
kurz käme. Ich wandte mich mit einer entsprechenden
Bitte an den Generalvikar von Reims, der sich höchst
überrascht zeigte, weil solche Wünsche selten vorka-
men. Er schlug mir die Pfarrei Saint-Joseph in einem Ar-
beiterviertel der Stadt vor. Dort lebten bereits drei Priester in einer Équipe zusammen.
Und wenn ich an die Liturgie denke: Was gab es da für
Umwälzungen!
Für mich ist es ein Glück, daß ich bei der Gottesdienst-
feier den Menschen nicht mehr den Rücken zukehre.
Ich kann auf die Gemeinde blicken, die sich da vor mir
versammelt hat. Ich kann zu ihr sprechen, ihre Antwort
entgegennehmen. So entsteht zwischen Gemeinde und
Zelebrant ein Dialog, wir treten miteinander in Kommunikation. Ich bin nicht mehr die heilige Gestalt, die
ihre Distanz wahrt, denn auch der Altar ist näher an die
Gemeinde herangerückt. Für mich ist es ein Glück, daß
ich nun, statt allein irgendwo in einem Winkel zu zelebrieren, in Gemeinschaft an einem Altar konzelebrieren
kann. Bis dahin gab es im Seminar ein gemeinsames
Morgengebet, und danach liefen alle auseinander. Jeder
zelebrierte da, wo er eine Gelegenheit fand. Jetzt führt
uns die eine gemeinsame Eucharistie zusammen. Die
ganze Seminarsgemeinschaft ist um den Altar versam-

melt, teilt das eine Brot und trinkt aus dem einen Be-
cher.

Ein Glück ist es auch, daß die Gemeinde alle Lesungen
und Gebete nun in ihrer Muttersprache hören kann, das
Hochgebet eingeschlossen. Sie ist so zu einer »aktiven,
bewußten und fruchtbaren« Teilnahme aufgerufen. Ich
verzichte auf den römischen Kanon in lateinischer Sprache, den ich in- und auswendig kenne und der meine
ganze Kindheit begleitet hatte. Wichtig ist vor allem das
Volk, das hier beisammen ist: für dieses Volk bin ich der
Zelebrant.

Es sind schöne und bereichernde Gottesdienste, die wir
in der Pfarrei Saint-Joseph in aller Einfachheit und Tiefe
feiern, und sie respektieren immer auch die Menschen,
die dabei sind.

Wenn viele Nichtgläubige zu einer Beerdigung kommen, dann wähle ich die Gebete den Teilnehmern ent-
sprechend aus. Wenn eine Gruppe Gespür zeigt für die
Pflege von Traditionen, dann suche ich einen Gesang
oder ein Gebet in Latein aus. Solche Beweglichkeit in
der Gottesdienstpraxis macht es möglich, jeden in der
Verschiedenartigkeit seiner Glaubenssituation anzusprechen.

Auf meinem Weg der Vertiefung dieses vom Konzil ge-
forderten Wandels hatte ich das Glück, in Louis Lochet
einem großartigen Priester zu begegnen. Er wohnte in
Reims und war viel in den Diözesen in ganz Frankreich
zu Vorträgen unterwegs. Als sensibler und offener geist-
licher Ratgeber hat er viel Augenmaß für die nötigen
Veränderungen in der Kirche. Er besitzt die Gabe, die
Freiheit seiner Gesprächspartner noch zu vermehren.
Zwischen uns springt ein Funke über, eine Freundschaft
entsteht. Er öffnet mich für die Mission und führt mich
weg vom Seminar. Er veranlaßt mich zu vielen Vorträgen über das Konzil. Er hat den Mut, mir die Leitung
von Priesterexerzitien in Reims anzuvertrauen, auf die

noch zahlreiche Exerzitien überall in Frankreich folgen
sollten. Er ist es auch, der mich bis nach Afrika mit-
nimmt, nach Rwanda und Burundi.

Dann kommt der Mai 68, ein wirkliches Ereignis, das
darf man wohl sagen. Erzbischof Marty, vielgeliebt in
seinem Volk, verläßt Reims und wird nach Paris berufen.
Studenten pinseln ihre Parolen an die Wände: »Wozu
eine Welt, in der wir nicht verhungern, aber uns zu Tode
langweilen?«, »Lauft was ihr könnt, die alte Welt ist hinter euch her«, »Phantasie an die Macht.«

Wie sollte man sich nicht über diesen Protest gegen die
Konsumgesellschaft freuen? Der Komfort, der »Erfolg«,
gemessen nur an der Elle der angehäuften »Dinge«, er-
sticken unser Leben und rauben ihm seinen Sinn.

Auch das Seminar von Reims bleibt von Erschütterun-
gen nicht verschont. Die Équipe der Verantwortlichen
ist gespalten. Die Seminaristen reagieren verschieden,
manchmal sehr überraschend: Manche, die man als
schüchtern und introvertiert kannte, sind auf einmal
Feuer und Flamme, ergreifen das Wort, beteiligen sich
an »Demos«. Andere können die Krise nur schwer ver-
kraften und ziehen sich ins Schweigen zurück. Die
Spannung wird so groß, daß der Regens beschließt, seine
Schäfchen vorzeitig nach Hause in ihre Familien zu
schicken.

Ich gebe zu, daß ich mit Begeisterung an vielen verschiedenen Versammlungen teilgenommen habe, die damals
in Reims stattfanden. Der Austausch des Wortes war erstaunlich: Nie hatte ich eine ähnliche Freiheit der Kommunikation erlebt wie in den Gruppen, die sich da bildeten. Mit den Schranken fielen auch Tabus. Man
sprach miteinander wie nie zuvor, gleich welchen Titel,
welche Erfahrung, welches Alter jemand mitbrachte,
und man hatte das Gefühl, eine außergewöhnliche Pe-
riode zu durchleben, die sich nicht so schnell wiederholen würde.

Wenn ich jedoch in der Pfarrei predigte, waren die Dinge komplizierter. Die Zuhörer zeigten sich besorgt und ernst; man konnte die berühmte Stecknadel fallen hören. Ich hatte meine Predigt damals, was ich sonst nur höchst selten tat, sorgfältig auch schriftlich ausgearbeitet. Einige Unzufriedene kamen dennoch nach der Messe und beschwerten sich.

Allmählich beruhigten sich die Gemüter. Die Sehnsucht nach Ordnung gewann wieder die Oberhand. Ich mußte an die Geschichte vom Großinquisitor denken, der Christus zum Vorwurf macht, daß er nicht alles sorgfältig festgelegt, sondern den Menschen die Last der Freiheit aufgebürdet hat. Der Großinquisitor behauptet, die Macht stehe nur den Wissenden zu – sie allein hätten die Aufgabe, über das Glück aller zu wachen...

Erzbischof Maury wurde neuer Bischof von Reims. Ich schätzte seinen missionarischen Sinn, seine mutige Rede, seine Risikofreudigkeit. Für mich war er das Idealbild eines Bischofs. Leider hatte Reims ihn nur für kurze Zeit. Er war es jedoch, der die neue Entwicklung im Seminar unterstützte und dafür sorgte, daß die künftigen Priester stärker in das Leben der Stadt Reims einbezogen wurden.

Drei Seminaristen hatten ein konkretes Ausbildungsprojekt in der Arbeitswelt ausgearbeitet. Gemeinsam mit einer Équipe von Arbeiterpriestern wollten sie sich auf ihr Priestertum vorbereiten und dabei festen Fuß in der Arbeitswelt behalten. Es war ein origineller Weg, von dessen Tragweite und Richtigkeit ich mich bei einem Besuch an Ort und Stelle überzeugen konnte. Ich habe enorm viel dabei gelernt und festgestellt, wie sehr die Solidarität dieser Priester mit ihrer Umwelt das Leben aus dem Glauben und aus dem Evangelium nährte. Das Leben der Arbeiterpriester war von da an nichts mehr Abstraktes für mich, sondern ich sah darin einen notwendigen Bestandteil der Kirche.

Nach sieben Jahren in Reims, sieben sehr erfüllten und glücklichen Jahren, bitte ich um die Rückkehr in meine Diözese. Der Bischof von Langres beruft mich nun in die Pfarrei eines Neubauviertels in Saint-Dizier in eine Équipe aus fünf Priestern. Um die neue Kirche herum stehen die großen Blocks mit Sozialbauwohnungen. Viele Bewohner sind Nordafrikaner. Nach allen Seiten entstehen unkomplizierte neue Verbindungen und Kontakte, und sonntags abends kann ich wieder einmal in der Familie sein, bei meinem Schwager.

Die Hälfte meiner Zeit bin ich zur Fortbildung in Paris. Noch gegen Ende desselben Jahres macht man mich selbst zum Leiter dieser Kurse, zusammen mit einem Mann, den ich damals noch nicht kannte und der mir bald zum Freund werden sollte, Raymond Deville, Priester der Pariser Gemeinde Saint-Sulpice. Vier Jahre lang trugen wir brüderlich die Verantwortung für diese Aufgabe. Zum erstenmal arbeitete ich eng mit jemandem zusammen, und es wird kaum jemandem entgangen sein, wieviel Freude mir das machte.

Wir gehörten beide als Sekretäre der bischöflichen Kommission für »Priester und Priesterausbildung« an, in der auch Bischof Riobé von Orléans Mitglied war. Sein Schweigen wirkte oft so belastend, daß die anderen Bischöfe verärgert reagierten. Ich erinnere mich, daß ich einmal nach einer Sitzung zu ihm ging und ihn fragte, ob er sich nicht wohl fühle. »Nein«, sagte er, »ich habe Kopfschmerzen. Außerdem verliere ich hier nur meine Zeit. Heute habe ich zum letztenmal hier teilgenommen.« Und so war es dann auch.

In gleicher Funktion nahm ich auch an der Bischofskonferenz in Lourdes teil, ohne zu ahnen, daß man mir selbst ein solches Bischofsamt anvertrauen würde.

Mit Lucien Daloz kommt ein neuer Bischof an die obere Marne, ein »Aufrüttler«, dessen Wirken schon bald zu spüren ist. Bei ihm fühlen sich die Laien anerkannt und

ernstgenommen, die Ordensleute fügen sich stärker in
die Diözesankirche ein, die Priester zeigen mehr Initiative. Bischof Daloz schiebt die Horizonte der Mission so
weit hinaus, daß sich keiner davon ausschließen und
keine Gruppierung sich auf sich selbst zurückziehen
kann. Er sieht die Zeichen und setzt Zeichen. Mit seiner
Bereitschaft zum Risiko gibt er anderen Schwung. Da er
selbst Mut zeigt, vermittelt er auch anderen die Freude
am Entdecken. Er ernannte mich zu seinem Generalvikar. Ich wohnte nun in einem kirchlichen Haus nahe
beim Bischofssitz in Langres. Unser Verhältnis war vertrauensvoll und freundschaftlich: Er brachte mir mehr
Sinn für das Mögliche und Geduld bei. Er gab mir unter
anderem den Auftrag, etwas aufzubauen, was damals
noch ganz neu war: den Dienst der »Pastoralassistentin-
nen« und der Diakone und eine »Schule für pastorale
Dienste«.
Die Idee zu einer solchen Schule entsprang einem Her-
zensanliegen und zugleich einer logischen Überlegung:
als Priester und Ordensleute hatten wir alle im Lauf unserer Ausbildung genügend Wissen von den Geheimnis-
sen der Kirche mitbekommen, um ihr ordentlich dienen
zu können. Die Laien dagegen waren hierzu fast völlig
unvorbereitet. Ihnen ohne vorherige Ausbildung Verantwortung anvertrauen hieß meinen, man könne eine Leiter ohne Sprossen benutzen.
Was war zu tun? Laien, die gern ihre Dienste zur Verfügung stellen wollten, konnten sich weder im Seminar
anmelden, noch am Institut catholique studieren.
Obendrein waren sie durch Wohnung, Familie oder Beruf an einen Ort gebunden. Von daher standen in meinem Auftragsbuch folgende Bedingungen: Ich muß in
erreichbarer Nähe ein Haus finden und dort den Leuten
eine interessante Ausbildung anbieten, die weder zu
trocken noch zu »intellektuell« ist.
Wir haben lange nachgedacht und an diesem Gedanken

weitergesponnen. Schließlich habe ich das Projekt in die Tat umgesetzt. In Brachay in der Nähe von Chaumont öffnete uns ein Schwesternhaus die Türen. Der Rahmen war ansprechend und auch einigermaßen gut ausgestattet. Anfangs nahmen wir Kontakt auf zu Freunden in den Pfarreien, die in der Katechese, in der Krankenseelsorge oder in der Action catholique schon mitarbeiteten. Sie haben gern bei uns mitgemacht. Mehrmals im Jahr fanden nun an Wochenenden Kurse statt. Der erste »Jahrgang« war hervorragend, und nach einer gewissen Anlaufzeit kam die Sache auf Touren.

Die Initiative hatte bedeutsame Konsequenzen für die christliche Gemeinde. Beim gemeinsamen Nachdenken und Verstehen wurde den Glaubenden die eigentliche Dimension ihrer Diözesankirche plötzlich erst richtig bewußt. Sie spürten, wie auch die Geschichte der Diözese ihr Gewicht hat und wie umfassend ihre Perspektive ist. Bei der Ausbildung war der Bischof oft mit dabei, um sie im Glauben zu ermutigen und zu bestärken. Sie haben Bindungen der Solidarität geknüpft und vertieft. Mehrere Teilnehmer schrieben mir anschließend, wie froh sie darüber waren, daß sie »endlich zusammen etwas tun konnten«.

Inzwischen hat die »Schule der pastoralen Dienste« selbst Schule gemacht. Andere Diözesen haben das Modell übernommen oder sich daran orientiert, um auf ihre Weise Laien für die verschiedenen pastoralen Aufgaben vorzubereiten.

Im März 1982 haben die Kursteilnehmer gemeinsam eine Reise nach Rom und Assisi organisiert. Die Stimmung unterwegs war alles andere als steif. Während ich selbst diese Zeit der Gnade und Fröhlichkeit mit allen genoß, ahnte ich nicht, daß auf meinem Schreibtisch ein Brief aus der Nuntiatur für mich lag.

3. Ein Metier im Wind und Gegenwind

»Du wirst schon sehen: Aus dir machen sie noch mal einen Bischof...« Ab und zu gab es um mich herum solche Scherze. Ich hatte die Möglichkeit offen gesagt nie ernst ins Auge gefaßt. So kam es, daß der Brief des Nuntius mit der Mitteilung, der Papst habe mich zum Bischof von Évreux ernannt, wie ein Keulenschlag auf mich wirkte. Zuerst meinte ich, Freunde hätten sich wohl einen Streich ausgedacht. Doch nein, das Siegel war echt... Benommen fing ich an, im Lexikon zu blättern: ich wußte nicht mehr so genau, wo Évreux überhaupt liegt.

In den folgenden Stunden und Tagen überkam mich eine gewisse Hilflosigkeit. Mein Kalender schrieb mir weiter die Termine vor; ich sollte im Kloster von Andecy in der Champagne Exerzitien für Seminaristen aus Lille halten. Ich war sichtlich nicht voll bei der Sache und erklärte etwas einfallslos zur Entschuldigung, daß ich mich nicht ganz wohl fühlte. Solange die Ernennung nur offiziösen Charakter hatte, war ich zur Vertraulichkeit verpflichtet. Der Nuntius hatte mir allerdings erlaubt, mit meinem Bischof darüber zu reden. Ich tat das, indem ich ihm einen Zettel auf den Schreibtisch legte mit der Notiz, ich bräuchte seine Hilfe. Er kam auch sofort zu mir, und wir haben miteinander gegessen. Er sagte, er habe damit gerechnet, denn der Nuntius habe ihn schon »vorgewarnt«. Als Generalvikar hatte ich oftmals Christen aufgefordert, Verantwortungen zu übernehmen, auf die sie von sich aus nie gekommen wären. In den meisten Fällen übernahmen sie ihre Aufgaben auch voller Zuversicht. Sie kannten ihre Grenzen, aber sie sagten dennoch nicht nein, weil es um einen Dienst ging, der eben zu tun war.

Heute war ich selbst an der Reihe. Ich sagte mir: »Das
kommt wie ein Überfall. Da wird ein Dienst von dir verlangt. Man setzt Vertrauen in dich. Nimm es, wie es
kommt.« Dennoch war ich auch versucht, das Amt abzu-
lehnen: »Warum sollte man nicht lieber einen anderen
aussuchen? Sicher wäre das die bessere Wahl.« Ich fühlte
mich allein. Der Nuntius hatte geschrieben: »Ich stehe
Ihnen zur Verfügung.« Also bin ich zu ihm hingefahren.
Im Gespräch hat er es bekräftigt: »Der Heilige Vater
selbst ernennt Sie. Sie müssen gehorsam sein.« Im Geist
des Dienens habe ich das Amt angenommen, aber auch
im Dank für das Vertrauen, das mir die Kirche schenkte.
Nun beschleunigten sich die Dinge. Es war auch gut, daß
ich schon bald die Koffer packte, denn geistig war ich ohnehin nicht mehr in Chaumont. Das merkten auch die
Leute. Ich erinnere mich, wie eine Frau der Gemeinde
auf mich eindrang: »Sie sind so ganz anders als sonst«,
sagte sie immer wieder. »Sie sollten Ihre Sorgen mit uns
teilen. Irgendwas verheimlichen Sie uns doch!« Ich
wurde fast ärgerlich: »Ach was, es ist schon alles in Ordnung…«
Ich hatte den Wunsch, mein Fortgang möge so bald wie
möglich bekannt werden, damit sich das Blatt endlich
wende. Es ist schwer, sich loszureißen, Freunde zurück-
zulassen, von lieben Menschen wegzuziehen. Aber die
Sendung ruft an einen anderen Ort. Priester ist man nicht
für sich selbst. Und Bischof auch nicht.
In Albe und Chormantel wurde ich am 18. Juni 1982,
zwanzig Jahre nach meiner Priesterweihe, in der Kathedrale von Évreux zum Bischof geweiht. Die Christen aus
meiner Heimat sind dabei als Geleitzug, als wollten sie
mich den Christen in der Normandie überreichen, die
mich hier aufnehmen und die mir noch fremd sind. Diese
Übergabe von einem Volk zum anderen erlebe ich als
schönes und bewegendes Symbol. Viele Christen sind
mit Bus, Bahn oder Auto von der oberen Marne gekom-

men. Sie stellen mich vor: »Den Gaillot kennen wir. Ihr
werdet schon sehen: Das ist ein Hochgeschwindigkeits-
zug«, verkündet über den Lautsprecher der Kathedrale
ein Fabrikarbeiter, der sich für das Amt als ständiger Diakon entschieden hat; und da er schon mal dabei ist, tönt
er weiter: »Macht euch auf was gefaßt, ihr Leute im Bistum Évreux, jetzt ist es aus mit eurer Ruhe.«
Zur Erläuterung erzählt er dann: »Père Gaillot kam eines
Abends zu uns nach Hause. Wie den anderen Mitgliedern
unserer Équipe sagte er auch mir, er komme vom Bischof
und wollte nur fragen, ob ich vielleicht Diakon werden
wollte, aber meine Frau müßte schon damit einverstanden sein. Nicht mehr und nicht weniger! Wäre uns eine
Bombe aufs Haus gefallen, der Schock wäre nicht viel
größer gewesen. Ich reagierte genau wie alle anderen, die
er gefragt hatte: Wieso ausgerechnet ich? Viele andere
hätten es weit eher verdient, zu solch einem Engagement
gerufen zu werden. Aber der Père Gaillot war so unwider-
stehlich, daß wir uns auf das Abenteuer mit ihm einlie-
ßen. Durch die Jahre der Vorbereitung auf das Diakonat
war er immer bei unseren Treffen dabei, hat uns in der
Ausbildung zu größerer Klarheit verholfen, hat uns geführt und ist jeden Schritt mit uns gegangen...
Manchmal heißt es, Jesus Christus ist unbequem, er geht
uns an den Nerv, er bringt unser ganzes Leben durcheinander. Nun, liebe Leute aus der Diözese Évreux, wenn ich
euch hier so sehe, kann ich euch nur sagen: Jetzt ist es
aus mit eurer Ruhe, denn unser Père Gaillot wird für
euch unbequem sein. Wenn ihr gerade schön schlaft,
dann weckt er euch auf, dann klopft er bei euch an die
Tür, und wie wir sagt ihr dann: Herein! Und dann werdet
ihr genauso in die Ecke gedrängt und festgehakt, und
dann müßt ihr auch ja sagen.«
Die Leute klatschten. Ich war glücklich und verwirrt zugleich.
Dann sprach Kardinal Marty im Ton eines Propheten:

»Das Evangelium ist nicht automatisch zu verbreiten.
Nur mit euch allen und mit jedem von euch kann euer
Bischof die Frohbotschaft verkünden und Gottes zärtliche Güte zu uns bezeugen. Er wird sein Zeugnis durch
alle Widersprüche der modernen Welt hindurchtragen
müssen.«
Und dann wandte er sich an mich: »Bleiben Sie, der Sie
sind, so wie ich Sie kennengelernt habe. Hören Sie aufmerksam auf die unberechenbaren Anrufe Gottes und
der Menschen, und haben Sie ein mutiges Herz, um auf
die Erwartungen der Männer und Frauen unserer Zeit,
besonders der Leidgeprüften und der jungen Menschen
zu antworten. Sie werden sich ganz in Anspruch nehmen
lassen von der Diözese, die der Heilige Vater Ihnen anvertraut. Gehen Sie alle Windungen des Weges mit Zuversicht und Mut an. Der Heilige Geist wartet hier in der
Normandie schon auf Sie. Er wird Sie begleiten.«
Während der Weihe legen alle anwesenden Bischöfe dem
Kandidaten die Hände auf. Diese altehrwürdige Geste
aus der Kirche der Apostel erinnert daran, daß der Geist
es ist, der heiligt. Danach folgt die Übergabe der Amtsin-
signien. Der Stab, ein Hirtenstab, ist Symbol für die Autorität des Bischofs über seine Schafe. Der Ring verbindet
den Bischof mit seinem Volk, und diese Vermählung – in
guten und in schlechten Tagen – läßt bereits erahnen,
daß sowohl Augenblicke gegenseitigen Unverständnis-
ses als auch Stunden der liebevollen Gemeinsamkeit be-
vorstehen. Die Symbolik der Mitra schließlich liegt eher
im Dunkel.
Nicht weniger hat mich ein anderer Ritus der Feier beeindruckt: Während ich kniete, legten mir zwei Priester
ein Evangeliar auf den Nacken, um so die Last anzudeu-
ten, die ich von jetzt an zu tragen habe. Ich spüre heute
noch das Gewicht im Nacken: Ein dickes Buch mit Me-
tallbeschlägen. Wie schwer es ist! Die Minuten werden
mir lang. Ist das etwa die Last des Evangeliums, die ich

Tag für Tag tragen soll? Am liebsten möchte ich mich aufbäumen und sie abschütteln. Unwillkürlich kommen mir verschiedene Bilder in den Sinn. Ich muß an einen biblischen Text denken: Im Traum sieht der Prophet Ezechiel (vgl. Ez 47,1–12) ein kleines Rinnsal aus dem Tempel von Jerusalem fließen; es strömt durch die Wüste, hinab ins Tal des Jordan bis ins Tote Meer. Und der kleine Bach wird dabei größer und größer, er wird schließlich zum starken Strom, der überall auf seinem Weg neues Leben erblühen läßt, für Bäume, Früchte, Fische ... Es ist ein Strom des Lebens, der dem Heiligtum von Jerusalem entspringt.

Ich will den Vergleich wagen. Seit seinen Anfängen im Klösterchen von Saint-Dizier ist mein Glaube ständig gewachsen. Er hat Wüsten durchquert, aber er hat sich niemals vom Leben abgekehrt. Meine Wesensart ist eher sanft und leidenschaftlich und wenig auf Konflikte aus. Aber ich halte es für wesentlich zu wissen, wo ich zu kämpfen habe: wenn immer es darum geht, den Menschen zu verteidigen, habe ich vor niemandem Angst. Mit meiner Weihe sind die Karten neu verteilt. Mit der Kraft des Geistes bin ich bereit, die Berufsrisiken auf mich zu nehmen.

Am Ende der Feier sagte ich zunächst einige Dankesworte, und dann rief ich den vielen Menschen vor mir in der Kathedrale zu: »Ihr seid in großer Zahl zusammengekommen, aus der Champagne, aus Straßburg, aus der Schweiz ... Ihr seid gekommen, um mich der Kirche hier in Évreux zu schenken und zu überreichen, und es ist unglaublich, wie herzlich mich diese Kirche aufnimmt und annimmt. Ihr habt große Erwartungen an euren neuen Bischof. Und ich erwarte viel von euch. Diese beiden Erwartungen werden im Lauf der kommenden Monate einander begegnen. Was ihr von mir erwartet, das müssen wir mit Gottes Gnade gemeinsam werden.«

Ich las dann noch aus einem Brief vor, den mir ein Arbei-

ter aus einer Fabrik in Vernon bei Évreux geschrieben
hatte: »Die wirtschaftliche Lage bei uns ist schwierig,
viele von uns stehen vor einer ungewissen Zukunft und
vor der Verzweiflung. Auch unsere Kirche muß sich erneuern, damit sie Licht sein kann in der Nacht.«
Schließlich fügte ich noch eine Intention an, die mir am
Herzen lag: »Ich stelle mein Bischofsamt ins Zeichen des
seligen Jacques Laval, des Arztes aus der Normandie, der
zum Priester und Missionar wurde. Er war zunächst Pfarrer hier in Pinterville in unserer Diözese und ging dann
auf die Insel Mauritius. Er lebte als Mauritianer unter
Mauritianern, und seine Güte und Achtung galt vor allem den Geringsten. Er protestierte gegen die ungerech-
ten Lebensbedingungen dieser Menschen.«
Am anderen Tag waren alle auf und davon. Da stand ich
nun als Bischof, fast verlassen. Nun mußte ich auf unbe-
kanntem Boden sehen, wie ich fertig wurde. Alles war
neu, alles war von vorn an zu lernen.
Gleich nach meiner Ankunft hatte man mich in das
Haus in der Rue Saint-Louis geführt, ein bürgerliches Ge-
bäude aus dem neunzehnten Jahrhundert aus rotem
Backstein: ziemlich imposant, mit einem Park, Sitz der
bischöflichen Verwaltung seit dem letzten Krieg. Mir
wird angst: Ich habe immer nur in Gemeinschaft gelebt,
ich brauche Gemeinsamkeit und Austausch und kann
mir nicht vorstellen, wie ich hier allein leben soll. Am
selben Tag noch schreibe ich gegen Mitternacht einen
Brief an die Oberin einer Schwesternkongregation in Vernon und bitte sie um einen Gefallen: sie möchte doch
einen armen Bischof nicht im Stich lassen. Könnte er
vielleicht einige Schwestern für den Dienst im Empfang
und im Haushalt des Bischofshauses bekommen? Und
ich füge noch einen Satz hinzu, der »einschlägt« und die
Entscheidung bringt: »Wir werden zusammen eine Gebetsgemeinschaft sein.« Ich wurde erhört. Zwei bretoni-
sche Schwestern trafen ein. Sie wohnen seither im Bi-

schofshaus, sorgen für Empfang und Sekretariat. Es ist für mich ein Segen! Alle Priester in der Diözese müßten es so gut haben wie ich.

Ich lebe eigentlich in ganz angenehmen Verhältnissen. Der Generalvikar als mein engster Mitarbeiter, der für die Finanzen und die Verwaltung verantwortliche Kanzler und der Archivar der Diözese wohnen ganz nahe beim bischöflichen Park. An den Wochentagen haben wir mittags gemeinsam einen »offenen Tisch«, zu dem sich meistens an die zehn Personen zusammenfinden. Bei diesen Mittagessen mit Priestern aus der Stadt erfahre ich viele Geschichten aus der Vergangenheit des Bistums.

Der Bischof ist allein. Er mag sich noch so sehr mit Kommissionen und Räten umgeben, wenn es zu handeln gilt, trägt er die Verantwortung. Ich nehme die Verantwortung auf mich. Wenn Leute unzufrieden sind, wenden sie sich an mich, und mit Recht. Ich stehe ungedeckt da. Ob ich nun als »progressiv« oder als »rebellisch« gelte, jedenfalls warten viele schon auf den geringsten Fehltritt. Hat der Bischof ein bequemes Leben? Manche betrachten die Bischofsernennung als Beförderung in der Karriere auf einen Spitzenposten in der Hierarchie. Ich habe eine andere Sicht vom Dienst. Wenn man auf die Barrikaden steigt, um das Evangelium zu verteidigen, so ist das zwar eine begeisternde, aber zugleich auch geistig und geistlich harte Aufgabe. Ich muß einiges einstecken. Ich bekomme auch Nackenschläge; ich verzichte darauf, selbst welche zu verteilen. Dieses Metier verlangt eine gute Gesundheit. Man ist ständig allen Winden ausgesetzt.

Einmal im Jahr, im Herbst treffen sich die Bischöfe Frankreichs gewissermaßen zu ihrem »Familientreffen« auf der Bischofskonferenz in Lourdes. Es ist die jährliche Vollversammlung aller französischen Bischöfe, einschließlich der Bischöfe aus den überseeischen Gebieten Frankreichs, eine Art Parlament im Geist der Kollegialität, wie ihn das letzte Konzil vorsieht.

Jedes Jahr erfahre ich den Zwiespalt zwischen der Freude, meine Amtsbrüder in einer liebenswürdigen Atmosphäre wiederzusehen, und dem Mißvergnügen über die unterkühlte Arbeitsweise.

Lourdes ist um diese Jahreszeit eine etwas verschlafene Kleinstadt. Viele Läden sind vergittert, die Geschäfte gehen im Schongang, die meisten Hotels sind geschlossen; eine Ausnahme bildet das »Hôtel des Ambassadeurs« nicht weit von der Grotte, in dem die Presse ihr Quartier hat. Die Zeit der großen Wallfahrten ist um diese Zeit vorüber. Einige Gruppen, auch einzelne Pilger und Kranke kommen noch zur Grotte, wo das Licht der Kerzen niemals erlischt.

Und doch hat Lourdes auch jetzt nichts von seinem Geheimnis und von seiner Anziehungskraft verloren. Vor meiner Abfahrt habe ich gute Empfehlungen mit auf den Weg bekommen: ich soll für Kranke beten, Kerzen anstekken, Medaillen mitbringen. Ich erfülle alles gewissenhaft, weil ich weiß, daß die volkstümliche Frömmigkeit viel Gespür hat für diese bescheidenen Gesten.

Wir werden in brüderlicher Atmosphäre aufgenommen. Die meisten Bischöfe wohnen in kirchlichen Häusern, in den Pilgerhäusern Notre Dame oder Sainte-Bernadette (letzteres ist eigentlich das neue Krankenhaus) oder im Haus des Klerus hinter der oberen Basilika. Wir freuen uns über das Wiedersehen. Die neuen Bischöfe werden vorgestellt, man spricht von den Vorgängern. Wir essen und plaudern zusammen, wirklich eine sympathische Atmosphäre. Aber ansonsten habe ich meine Vorbehalte.

Was für ein schwerfälliger Apparat ist doch diese Versammlung! Eines ist immerhin positiv zu vermerken: Seit 1988 steht uns ein neuer Tagungsraum zur Verfügung mit halbkreisförmiger Sitzordnung – ein dankenswerter Fortschritt. Der frühere Tagungsraum »Johannes XXIII.« war für die gemeinsame Diskussion denkbar ungeeignet.

Die vielen sehr unterschiedlichen Texte, die der Vollversammlung zur Beratung vorliegen (zu Themen wie »Katechese«, »Sonntagsgottesdienst«, »Solidarität«, »Dienst
der Priester«...), sind im voraus in Paris unter der Verantwortung des Ständigen Rates der Bischofskonferenz erarbeitet worden. Der Rat, dem zwölf von der Vollversammlung gewählte Bischöfe angehören, spielt gewissermaßen
die Rolle einer Exekutive in der Kirche Frankreichs. Er
tritt alle drei Monate zusammen, entscheidet über drin-
gende Angelegenheiten, führt die Tagesgeschäfte und
setzt die Arbeitsordnung für die Verhandlungen in Lourdes fest. In der Zwischenzeit haben der Vorsitzende und
sein Stellvertreter – derzeit sind das die Erzbischöfe von
Lyon und Rouen –, darauf zu achten, daß die verschiedenen für das Leben der Kirche nötigen Dinge geregelt werden. Das Generalsekretariat der Bischofskonferenz mit
seinem ständigen Sitz in der Rue du Bac in Paris bleibt
hierzu ständig in Kontakt mit ihnen und stellt den Bischöfen insgesamt und den einzelnen Kommissionen die nötigen konkreten Hilfen zur Verfügung. Es gibt nämlich noch
etwa fünfzehn weitere für bestimmte Themen- und Sach-
bereiche zuständige Fachkommissionen. Ich selbst hatte
vor meiner Mitgliedschaft in der Missions-Kommission
schon die Gelegenheit, in der Kommission für die Priester
und die Priesterausbildung und im »Büro für Fragen der
Lehre« mitzuarbeiten.
Von diesen Spielregeln abgesehen, wird man zugeben
müssen, daß die Arbeiten in der Vollversammlung von
vielen Teilnehmern als enttäuschend erlebt werden;
nur mühsam kommen da wirkliche Diskussionen zustande. Die Bischöfe vertreten jeweils ihren Standpunkt
und hören sich den der anderen an; zur gedanklichen
Auseinandersetzung kommt es selten, dann allerdings
manchmal heftig. Die Suche nach dem Konsens voll-
zieht sich außerhalb der Sitzungen in Arbeitsgruppen,
im Gespräch auf den Gängen oder bei Tisch. Im allge-

meinen gibt man am Ende dann doch der Kommission
das Vertrauen, die das Papier vorbereitet hat, allerdings
nicht ohne dessen Text noch mit vielen, notwendig dis-
paraten Zusatzanträgen zu bombardieren, die nicht
immer die Endredaktion erleichtern, der man die Flut
unausweichlicher Kompromisse noch im nachhinein ansieht. Das Resultat: Oft kommt der ursprüngliche mis-
sionarische Elan dann zu kurz. Immer wieder habe ich
den Eindruck, ich fahre mit leeren Händen nach Évreux
zurück. Mir bleibt beispielsweise ein bitterer Nachge-
schmack bei der Erinnerung an die Erklärung »Den Frieden gewinnen«, die in der Versammlung von 1983 über-
eilt und in letzter Sekunde beschlossen wurde. In diesem
Text wurde die Force de frappe legitimiert. »In äußerster
Notlage« wird sie als moralisch akzeptabel erachtet. Ich
habe hier gegen die Position des französischen Episkopats zur atomaren Abschreckung gestimmt.

Vielleicht habe ich meine Erwartungen zu hoch gesteckt. Die große Freundlichkeit der Bischöfe im Umgang miteinander kann letztlich Risse verdecken, die
trotz allem vorhanden sind.

Wie aber sollte man nun die Arbeit einer solchen Ver-
sammlung besser organisieren, die prinzipiell ja weder
Mehrheiten noch Minderheiten kennt? Die jährliche
Versammlung könnte besser vorbereitet werden. Den
Bischöfen fehlt es aber an sonstigen Gelegenheiten zur
Zusammenarbeit. Gewiß, sie treffen sich regelmäßig in
der apostolischen Region, der sie angehören, aber bei
neun solcher Regionen für ganz Frankreich sind diese
Regionen noch immer viel zu groß. Évreux gehört beispielsweise zur nördlichen Region: Sie reicht von Le
Havre in der Normandie bis zu den Ardennen an der bel-
gischen Grenze, von der oberen Marne im Süden der
Champagne bis nach Dunkerque am Kanal und hat ihren strategischen Mittelpunkt aus einsichtigen ver-
kehrstechnischen Gründen letztlich in Paris.

Seit Jahren schon redet man ständig davon, diese Strukturen neu zu organisieren, aber es geschieht nichts...
Es gibt freilich noch andere Möglichkeiten der Begegnung: In Gruppen einer »Révision de vie« beispielsweise verbringen sechs oder sieben von uns alle drei
Monate einen kurzen Tag miteinander. Dabei geht es
mehr um einen spirituellen Austausch ohne direkten
Bezug zur Verwaltung unserer jeweiligen Bistümer.
Zum Glück funktionieren allerdings noch die Wahlver-
wandtschaften: Manche Bischöfe telefonieren viel...
mit anderen Bischöfen, um Informationen auszutau-
schen, Rat zu holen oder einfach nur ein Zeichen der
Freundschaft zu geben.
Um auf die Vollversammlung von Lourdes zurückzu-
kommen, so beobachte ich dort eine Entwicklung, die
sich mit den Jahren verstärkt. Versetzt man sich zwei
Jahrzehnte zurück ans Ende des Konzils, so herrschte damals große Begeisterung bei der Arbeit; die Erfahrung der
Kollegialität hatte noch den Reiz des Neuen, hoffnungs-
frohe Erwartung bewegte die christlichen Gemeinden;
die Presse zeigte sich damals sehr aufgeschlossen für »re-
ligiöse Nachrichten« – für viele Zeitungen etwas ganz
Neues –, und die Berichte aus Lourdes standen insgesamt
dem Episkopat und seinen Bemühungen um konziliare
Phantasie sehr wohlwollend gegenüber.
Mit der Gewöhnung schwindet aber das Interesse. Die
Protestbewegung vom Mai 1968 hat viele Menschen außerhalb der Kirche wie in den eigenen Reihen verstört.
Es ging oft viel stärker um Verwaltung als um Innova-
tion; der Rückgang in den Zahlen des Klerus und in der
Beteiligung am kirchlichen Leben hat manchen Mut abgekühlt. In den letzten Jahren hat sich die Gewohnheit
eingebürgert, immer mehr »hinter verschlossenen Türen« zu tagen, das heißt ausschließlich unter Bischöfen
und unter Ausschluß von Augen der Öffentlichkeit; die
Journalisten haben bei Pressekonferenzen den Eindruck,

daß man ihnen eine »gefilterte« Wahrheit vorsetzt. Die
Befürworter solcher Sitzungen »ganz unter uns« begrün-
den dies damit, daß so die völlige Ausdrucksfreiheit unter den Bischöfen gefördert werde. Aber wird dieses Ziel
denn erreicht? Manchmal scheint eher das Gegenteil
der Fall zu sein.

Wie soll man Bischöfe ernennen? Diese Frage wird
heute oft gestellt. Da besteht völlige Unklarheit. Die
Unklarheit im Ernennungsmodus deutet aber auch auf
die Unschärfe der bischöflichen Funktion selbst hin.
Man weiß nicht so recht, was ein Bischof eigentlich tut
oder wie sein tägliches Leben aussieht. Der Bischof
bleibt eine ferne, geheimnisvolle Gestalt. Ein Überrest
aus der Vergangenheit. Man stellt sich darunter den Hü-
ter von Religion und Moral vor, der Anweisungen aus
Rom umsetzt so wie ein Regierungspräfekt Anweisungen einer Zentralregierung ausführt. Er wohnt im Schat-
ten der Kathedrale in einem altertümlichen Bischofshaus, aus dem er selten herauskommt...

Wenn ich Leuten begegne, höre ich oft die Frage: »Wie
soll ich Sie eigentlich anreden?« Man redet mich mit allen möglichen Namen an. Leute, die sich nicht zur Kirche zählen, nennen mich Monsieur Gaillot oder einfach
Monsieur, Herr Bischof oder Monseigneur. Praktizierende Katholiken sagen gern »Père Evêque« (Pater oder
Vater Bischof), seltener »Frère Evêque« (Bruder Bischof).
Andere nennen mich einfach beim Vornamen Jacques.
Jeder suche sich aus, was ihm beliebt: die Anrede des Bischofs fällt nicht unter »Appellation contrôlée« wie die
Weinsorten.

Schwierig wird es oft auch bei der schriftlichen Anrede.
Manche Schreiber teilen ihre Verlegenheit einfach mit:
»Ich schreibe zum erstenmal an einen Bischof, daher
weiß ich nicht, wie ich Sie anreden soll.« Da schickt
mir zum Beispiel eine Frau eine Karte und beginnt ohne
Anrede mit den Worten: »Ich wollte Ihnen gern zum

Jahreswechsel meine guten Wünsche und ein Wort der Sympathie schicken, aber ich wußte nicht, wie die Anrede richtig lauten muß, und so ist die Zeit verstrichen. Schließlich habe ich eine Freundin um Rat gefragt. Sie amüsierte sich und meinte nur: Schreib einfach gar nichts drüber. So hab ich es halt gemacht!«

Auf den Umschlägen bringt mir der Briefträger manche Blüten ins Haus, je nach Anrede und gesellschaftlichem Anlaß mit sonderbaren Bildern: »Monseigneur Arafat«, »An den Aids-Bischof«, »Mohammed Gaillot, Moschee von Évreux«, »An den marxistischen Bischof von Évreux, rue du Colonel-Fabien«*, »An den amtsenthobenen Bischof von Évreux«… Und wenn die Anschrift mit »Seiner Exzellenz, dem hochwürdigsten…« beginnt, ist es kein gutes Zeichen, was den Inhalt betrifft. Im übrigen finde ich diesen Regenbogen von Anreden gar nicht uninteressant. Und dank den französischen Postbehörden kommt jeder Brief an die richtige Adresse.

Vor Ort sind viele Leute freilich erstaunt, wenn sie entdecken, daß so ein Bischof einfach ein Mann ist, der redet, sich engagiert, sich exponiert, seinen Glauben bekennt. Er ist kein Mann des Apparats, der nur sagt, was zu sagen ist. Er ist auch nicht der Unnahbare, für den man ihn gehalten hatte, sondern man kann mit ihm reden, und er läßt sich auch von Ungläubigen zum Essen einladen.

Einmal sagte mir jemand im Vertrauen: »Erstaunlich ist eigentlich nicht so sehr das, was Sie sagen. Erstaunlich ist, daß man sich immer wieder an Sie wendet.«

Das stimmt allerdings. Da gibt es zunächst die Hilferufe. Wenn eine Situation ausweglos erscheint und Not am Mann ist, dann ruft man ohne Zögern nach dem Bischof. Der ist nämlich ein einflußreicher Mann. Der

---

* Colonel Fabien war französischer Kommunist und Widerstandskämpfer.

kann was errreichen, wenn er will. Der ist kein Politi-
ker, er gehört auch nicht zu den Behörden. Der kann
ohne Dienstweg direkt etwas sagen. Auf den hört man.
Da kommt Michel: »Ich habe Schwierigkeiten. An wen
soll ich mich sonst wenden? Es ist schlimm, wenn man
allein ist. Sie kennen meinen Weg und meine Überle-
gungen, Sie dürfen mich nicht fallenlassen. Mir ist übel
vor so viel Ungerechtigkeit. Mir reicht's! Lieber sterbe
ich, bevor man mich wieder vor alle Türen setzt.«
Da kommt Jean-Jaques, ein Bauer, der mit der Genossenschaftsbank Probleme hat und der mich fragt, ob er
seinen Hungerstreik in einer Kirche durchführen kann.
Da kommt ein Mann aus Zaire, der mit Glück eine Arbeit gefunden hat, dem aber die Behörde nun eine Ver-
längerung seiner Aufenthaltserlaubnis verweigert.
Da kommt ein praktizierender Katholik, dem man trotz
Schiedsspruch die Gehaltszahlung verweigert. Die Angelegenheit soll vors Arbeitsgericht von Évreux. »Es
wäre für mich gut zu wissen, daß Sie an meiner Seite
sind«, meint er, »da kommen nämlich schwere Zeiten
auf mich zu.«
Da kommt ein junger Student aus Kamerun, der im
Rahmen seines Studiums ein Praktikum leisten soll.
Stellen dafür gibt es, aber er bekommt immer wieder
Absagen. »Ich bin halt Farbiger«, erklärt er mir und bittet mich um ein Empfehlungsschreiben.
Da kommt ein junger Arbeitsloser, der nach langer er-
folgloser Stellensuche den Mut verloren hat. Er klopft
beim Bischof an, damit der ihm Türen öffnet.
Da bittet eine Familie um ein Empfehlungspapier von
mir, weil sie ein Kind adoptieren möchte.
Da kommen aber auch ganze Vereine, Initiativen und
Solidaritätskomitees und bitten den Bischof um Unterstützung: die Solidaritätsaktion für Armenien, die Initiative im Département zur Unterstützung des Aufrufs
der Hundert, das Ortskomitee des Kinderschutzbundes,

die Vereinigung zum Schutz von Verwaltungsgeschädig-
ten; eine Gruppe von Chilenen aus Vernon steht plötzlich im Bischofshaus und wünscht dringend, daß ich zugunsten politischer Gefangener ein Telegramm nach
Chile schicke; da kommt der Verein für Mieterschutz in
Sozialwohnungen, die Aktion SOS-Rassismus... Sollte
ich alle Gruppierungen aufzählen, die vom Bischof Unterstützung für diese oder jene Aktion meist zur Verteidigung der Menschenrechte erwarten, es würde eine
lange Liste.
Obendrein erhalte ich Anfragen aus ganz Frankreich.
Die Liga für Menschenrechte von Saint-Nazaire etwa
lädt mich zu einer großen Podiumsdiskussion zur Frage
der Laizität und der Privatschulen ein, die Friedensbewegung bittet um einen Vortrag in Chambéry, der Ar-
beitskreis »Frieden und Gerechtigkeit« im Baskenland
erwartet von mir eine Stellungnahme zugunsten baski-
scher Gefangener, ein Unterstützungskomitee will das
Leben von Annie Esbert retten, die Riposte-Bewegung
wünscht meine Teilnahme an einer Veranstaltung zur
Abschaffung von Gefängnisstrafen für Minderjährige,
die nationale Anti-Apartheidsbewegung hätte mich
gern als Mitglied in ihren Reihen, die Große Freimaurer-
loge lädt mich zu einem Diskussionsabend ein, die
Zuchthäusler von Fresnes möchten gern mit mir zu-
sammentreffen, Eltern, die ein Kind aus Rumänien
adoptiert haben, suchen meine Hilfe, die kommunistischen CGT-Gewerkschafter der Automobilwerke Re-
nault rufen um Hilfe, man bittet mich um die Unterschrift unter einen »offenen Brief«, der in der Tageszeitung »El Mundo« in El Salvador erscheinen soll...
Die räumliche Nähe (von etwa einhundert Kilometern)
zu Paris macht die Dinge nicht leichter. Wollte ich alle
Einladungen annehmen, müßte ich besser in die Hauptstadt übersiedeln. Manchmal habe ich das Gefühl, als
Bischof von Carcassonne würde man wohl eher in Ruhe

gelassen. Ich erhalte auch Einladungen in Länder Europas, Afrikas, Lateinamerikas, ich soll bei Veranstaltungen sprechen oder für Priester Exerzitien halten.

Vor allem ist aber wichtig, daß ich hier bin, in meiner lieben Diözese von Évreux. Hier erlebe ich die Risiken des Hirtendaseins: »Die Risiken des Hirten, der entschlossen ist, sogar sein Leben hinzugeben, damit das Volk lebe, das er liebt«, nach den prophetischen Worten von Erzbischof Romero, dem ermordeten Bischof von San Salvador. Was ich bin, und was ich lebe, lebe ich für das Volk von Évreux.

An der Wand meines Büros hängt ein großes Poster, das eine Schülergruppe aus dem kleinen Dorf Thibouville hier im Département Eure gemalt hat. Bei Fernsehinterviews haben es die Kameraleute nie versäumt, dieses Bild jeweils in Großaufnahme zu zeigen. Aber zu dem Bild gehören auch die Worte dieser Kinder: »Lieber Jacques Gaillot, wir sind eine kleine Katechismusgruppe. Wir haben miteinander über die Propheten gesprochen und haben uns gesagt, daß Sie auch einer sind, und wir schreiben Ihnen, um Ihnen mitzuteilen, daß wir auf Ihrer Seite stehen. Bleiben Sie also ein Prophet, damit wir später einmal selbst Propheten werden. Herzlichen Dank.« Wie so oft, begreifen die Kinder alles sehr gründlich. Sie verstehen, daß man nicht die Scheinwerfer auf den Bischof richten und bei seiner Person stehenbleiben darf. Dann hätten wir eine Schaufensterkirche, die Kirche als Show. Was der Bischof zu sein und zu leben versucht, das sollen alle ebenfalls werden, jeder auf seine Weise.

Bei der Bischofsweihe in der Kathedrale von Évreux hat mich der weihende Bischof gefragt: »Willst du unermüdlich für das Volk Gottes beten?« Vor allen Anwesenden habe ich geantwortet: »Ja, ich will es.« Dieses Volk Gottes ist überaus groß. Ein Volk ohne Grenzen. Seit ich Bischof bin, ist kein Tag vergangen, ohne daß ich mir die Zeit genommen hätte, für dieses Volk hier in der Normandie zu beten. Jeden Morgen finde ich mich in der Kapelle des Bischofshauses mit der kleinen Gebetsgemeinschaft zusammen. Die Psalmen bringen die Rufe der Frauen und Männer unserer Zeit wunderbar zum Ausdruck. Wir feiern dann in Konzelebration mit meinen priesterlichen Mitarbeitern die Eucharistie, dieses große Opfer- und Dankgebet, in dem wir uns mit Christus für das Heil der Menschheit hingeben. Auf meinen Reisen ist das Auto für mich wie ein Gebetsraum. Auch wenn ich unterwegs einen Anhalter mitnehme, habe ich nicht das Gefühl, mich von Gott abzuwenden. Er spricht mit mir durch den hindurch, den ich zur Mitfahrt eingeladen habe.

Kein Abend geht zu Ende, ohne daß ich mich noch einmal zur Kapelle begebe. In der Stille der Nacht bringe ich alle Gesichter vor Gott, denen ich heute begegnet bin. Ich bitte für sie, ich danke. Ich bete für meine Feinde. Ich nenne sie alle und halte mich hinter ihnen zurück, weil mir an allen mehr gelegen ist als an mir selbst.

Viele Menschen haben diese Bedeutung des Gebetes begriffen. Es kommt nicht selten vor, daß auf dem Weg zum Bahnhof oder auf der Straße mitten in der Stadt jemand auf mich zukommt und sagt: »Beten Sie bitte für mich, ich bin in Schwierigkeiten.« Ich kenne weder die Person noch ihr Leid. Es genügt, auf das Anliegen zu hören, um für sie beten zu können.

Die größte Freude für mich als Bischof ist es, wenn ich bei meinen Pastoralbesuchen den Christen in ihrem Heimatort begegne. Ich fahre dann sonntags morgens irgendwohin in ein kleines Dorf. Der Pfarrgemeinderat empfängt mich im Pfarrhaus, wo seit einiger Zeit kein Priester mehr wohnt. Ein Laie stellt mir als Vorsitzender die Pfarrei und die einzelnen Mitglieder seines Rats vor. Ich höre zu. Ein Gespräch kommt in Gang.

Danach feiern wir den Gottesdienst. Die Kirche ist überfüllt, auch viele Jugendliche sind gekommen. Eine wun-
derbare Gemeinschaft, in der jeder sich freut, dabei zu
sein. Mein Glaube findet neue Nahrung und Kraft. Anschließend gehen wir alle in den Festsaal, wo der Bürgermeister und auch die Nichtgläubigen mich erwarten. Ich
versuche, alle Frauen und Männer einzeln zu begrüßen
und für jede Gruppe ein Wort zu finden. Dann kann es sein,
daß man mich an diesem Tag bittet, eine Taufe zu feiern.
Ich kehre also in die Kirche zurück, und viele gehen mit.
An die hundert Personen sind so bei der Taufe mit dabei.
Ich lerne die jungen Eltern und ihr Kind kennen. Es ist
einfach schön, zusammen zu sein. Die Riten treffen in
ihrer Schlichtheit die Herzen: wir können uns kaum voneinander trennen, so sehr ist die Kirche im gemeinsamen
großen Ereignis zum Haus für alle geworden. Die Zeit
vergeht, die Eltern und die Familie drängen mich, zum
Apéritif mitzukommen. Und so finde ich mich in ihrer
Wohnung in der gelösten Festtagsstimmung wieder.
Danach treffe ich mich wieder mit den Christen, die mich
zum gemeinsamen Imbiß in einem großen Saal eingeladen haben. Eine gute Gelegenheit, miteinander zu sprechen und den Bischof einmal hautnah kennenzulernen.
Wir sind zusammen ungefähr fünfzig.
Gegen sechzehn Uhr kommen noch andere Leute zur
Gruppe hinzu. Auf einer Tafel werden mir die sechs Pfar-
reien der Umgebung vorgestellt. Die Kinder haben dazu
die verschiedenen Schaubilder mit manchmal köstlichen
Aufschriften gemalt. Mein Konterfei ist dabei allerdings
nicht so vorteilhaft geraten: Ich stehe da würdevoll in
violetten Gewändern. Die Kinder haben meine Tätigkei-
ten dazugeschrieben, und am Ende steht: »Und wenn der
Bischof Zeit hat, kommt er im Fernsehen…«
Mit Hilfe eines Mikrophons beginnt nun eine Diskussion.
Ich muß Fragen beantworten über meine Stellungnahmen in den Medien. Bei solchen Begegnungen springt im-

mer irgendein Funke über. »Nachdem wir Sie jetzt besser kennen, sehen wir die Dinge mit anderen Augen«, höre ich dann manchmal.

Inzwischen ist es achtzehn Uhr. Man schlägt mir vor, vor meiner Abfahrt noch einen Schwerkranken zu besuchen oder die Dorfälteste, die nicht mehr das Haus verlassen kann. Ein zehnjähriges Mädchen will unbedingt, daß ich noch zu seinen Eltern mit nach Hause in die Sozialwohnung komme – kann ich da nein sagen?

Am Abend bin ich noch mit Eisenbahnern verabredet. Am Bahnsteig von Évreux hatte mich einer der Angestellten zu sich nach Hause eingeladen. Ich verlaufe mich in den Gängen des Wohnblocks, komme aber dann doch noch gut an. Er wartet schon auf mich mit Frau und Sohn. Außerdem hat er seinen Bruder und dessen Frau eingeladen. Und gleich zu Anfang sagt er: »Unser Nachbar, ein Arbeiter hier im Haus, möchte ihnen gern guten Tag sagen. Ist das möglich?«

Wir trinken zusammen einen Apéritif und essen dann in einer vertrauensvollen und fröhlichen Stimmung. Im Innern muß ich dabei denken, daß meine Gastgeber fern von der Kirche stehen und daß ich mich ihnen doch ganz nahe fühle.

Im Lauf der Jahre haben die Medien den Bischof von Évreux entdeckt. Bis dahin hatte ich im Verborgenen gelebt und kaum das Scheinwerferlicht gesucht. Ich versuche inzwischen, ohne jede Angst auf die zahlreichen Anfragen einzugehen, ich lerne das »Know-how« kennen und schätzen und dabei vor allem diejenigen fürchten, die ständig über mich reden, ohne mich je etwas gefragt zu haben. Was die Journalisten von Évreux und hier im Département angeht, so habe ich die Schwäche, ihnen nie eine Bitte abzuschlagen, denn im Lauf der Jahre haben sich zwischen uns starke Bindungen der Sympathie und Freundschaft gebildet.

Das Metier des Bischofs ist strapaziös und faszinierend

zugleich. Sicher ist es der schönste Beruf, den es gibt.
»Einfach phantastisch«, wie ein Pariser Fotograf allen
Ernstes meinte. Ja »phantastisch«, denn seine Sendung
ist die Sendung Christi selbst: es ist die der Befreiung.
»Der Geist des Herrn ruht auf mir; denn der Herr hat
mich gesalbt, Er hat mich gesandt, damit ich den Armen
eine gute Nachricht bringe; damit ich den Gefangenen
die Entlassung verkünde und den Blinden das Augenlicht; damit ich die Zerschlagenen in Freiheit setze und
ein Gnadenjahr des Herrn ausrufe« (Lk 4,18–19).

4. Wo ist da der Skandal?

Wenn die Kirche in aller Bescheidenheit auf dem Weg ist mit Jugendlichen, die jede Orientierung verloren haben, mit Gefängnisinsassen, die den Aids-Virus in sich tragen, mit Menschen, die bei ihrer Arbeit im Gesundheitsbereich mit biogenetischen Experimenten ethisch konfrontiert sind, mit Männern und Frauen, die von ihrem Betrieb auf die Straße gesetzt werden, mit politisch Verantwortlichen, die vor schwerwiegenden Entscheidungen stehen, mit Ehepaaren, die schwere Zeiten durchmachen, dann findet sie auch oft das nötige Wort und die rechte Geste. Der gemeinsame Weg in Vertrauen und Geduld läßt einen echten Dialog entstehen. Auf einem solchen Weg kann die Kirche nicht mehr richten und verurteilen. Weil sie selbst »mit dabei« ist, verwandelt die Einsicht in die Situation auch ihre Sprech- und Handlungsweise. Sie gibt nicht mehr die Anweisung, was zu tun und zu lassen ist.
Die Kirche muß notwendig ganz Ohr sein für das Leben der Leute, sie muß ganz aufmerksam auf die Ereignisse und die Herausforderungen der Gesellschaft achten. Wie sollte sie das Evangelium anbieten, ohne zugleich Partei zu ergreifen für die Würde der Armen und gegen die Ungerechtigkeit? Es geht dabei um ihre Glaubwürdigkeit.
Solche Glaubwürdigkeit verpflichtet unter allen Umständen zur Wahrhaftigkeit. Von daher ergibt sich die Bedeutung der persönlichen Vermittlung. Jeder ist aufgerufen, Entscheidungen in seinem Gewissen zu treffen, und dort findet sich zuallererst der Ort, an dem Gott spricht. Was das Konzil dazu sagt, ist höchst aufschlußreich: »Im Innern seines Gewissens entdeckt der Mensch ein Ge-

setz, das er sich nicht selbst gibt, sondern dem er gehorchen muß. Denn der Mensch hat ein Gesetz, das von
Gott seinem Herzen eingeschrieben ist, dem zu gehorchen eben seine Würde ist und gemäß dem er gerichtet
werden wird. Das Gewissen ist die verborgenste Mitte
und das Heiligtum im Menschen, wo er allein ist mit
Gott, dessen Stimme in diesem seinem Innersten zu hören ist« (GS 16). Deutlicher kann man es nicht sagen. Das
Wort der Kirche soll auf der Ebene des Gewissens gehört
und aufgenommen werden.

Ich kenne freie und verantwortliche Christen, die der
Kirche nahestehen. Sie erwarten von der Kirche keine
Anweisungen bei den Entscheidungen, die sie zu treffen
haben. Sie sind aber höchst aufgeschlossen für ein Wort
des Evangeliums, das ihr Gewissen erhellt. Sie sind froh,
wenn sie besser erkennen, woran sie ihr Handeln orien-
tieren können, weil es nicht leicht ist, sich in einer Gesellschaft, die auf Grundlagen des Überflusses, des Pro-
fits und der Konkurrenz beruht, als Christ zu verhalten.
Es werden vielerlei Lebensweisen in unserer Gesellschaft angeboten: Wie soll man da herausfinden, welche
Wahl sich am Evangelium inspiriert? Dieses gemeinsame Unterwegssein, dem echtes Begegnen und Teilen
vorausgehen muß, hat mich in den vergangenen Monaten bewegt, in verschiedenen Bereichen das Wort zu ergreifen, die alle mit der Zukunft der Menschen und mit
der Verkündigung des Evangeliums zu tun haben. So kam
es, daß ich auf der Bischofskonferenz in Lourdes einmal
die Frage nach einer Weihe verheirateter Männer angesprochen habe. Ich habe allen Respekt vor der kirchlichen Ordnung in diesem Bereich, und meine Stellungnahme wollte weder als Protest noch als Provokation
verstanden sein. Als Hirte, dem die Kirche von Évreux
anvertraut ist, achte ich sorgfältig auf die missionarischen Erfordernisse der christlichen Gemeinden und besonders auch der jungen Menschen. Bei meinen Pastoral-

besuchen stellen mir Christen, an deren Sinn für die Kirche nicht zu zweifeln ist, immer wieder die Frage nach der Priesterweihe für verheiratete Männer.

Diese Christen wissen, daß es ohne Priester keine Kirche gibt und daß die Eucharistie die Kirche auferbaut. Seit sie selbst für das Leben und die Sendung der Kirche Verantwortung übernommen haben, entdecken sie die Bedeutung und Notwendigkeit des priesterlichen Dienstes. Aufgrund ihrer Glaubensreife und ihrer vielfältigen Engagements im Apostolat stellen sie hohe Ansprüche an die Priester, die sie brauchen. Wir leben in einer Zeit starker evangelischer Lebendigkeit, in der auch die Getauften selbst aus den Quellen schöpfen wollen.

Meine Aufgabe als Hirte ist es, für die geistlichen Bedürfnisse der Gemeinden zu sorgen und ihnen die nötigen Mittel zu geben, damit sie leben und im Glauben wachsen können. Was zählt, ist das Wohl, sind die Bedürfnisse des Volkes Gottes.

Dieses Volk hat ein Recht darauf, daß alles unternommen wird, damit ihm die von Christus angebotenen Geschenke auch bereitstehen. Als Hirte bin ich aber auch besorgt, wenn ich sehe, daß die gegenwärtige Praxis das Volk Gottes in ernste Nöte bringt. Ordnet die Kirche hier nicht das Wohl dieses Volkes disziplinarischen Gewohnheiten unter? Bringt sie nicht Wasserhähne an Stellen an, wo der Herr eigentlich Quellen erschlossen hat? Solche Fragen habe ich mir als ein Hirte gestellt, der um die Sendung besorgt ist und der weiß, daß diese Sendung Vorrang hat vor dem Lebensstand der Priester.

Es tut mir weh, wenn ich sehe, wieviel Kraft und Großherzigkeit gebremst, beengt, verschüttet wird, die doch in den pastoralen Dienst an den Glaubenden einfließen könnte. Ich bin persönlich dem Zölibat um Jesu und des Evangeliums willen zutiefst verbunden, einem Zölibat, der die pastorale Liebe anregt und der auch für die Gesellschaft von heute noch zeichenhaft bleibt.

Wenn das Zweite Vatikanische Konzil bekräftigt, daß es
den Zölibat für das priesterliche Leben vorzieht, erwähnt
es aber gleich anschließend auch die verheirateten Priester in den Ostkirchen: »Wenn diese Heilige Synode dennoch den kirchlichen Zölibat empfiehlt, will sie in keiner Weise jene andere Ordnung ändern, die in den Ostkirchen rechtmäßig Geltung hat; vielmehr ermahnt sie voll
Liebe diejenigen, die als Verheiratete das Priestertum
empfingen, sie möchten in ihrer heiligen Berufung aus-
harren und weiterhin mit ganzer Hingabe ihr Leben für
die ihnen anvertraute Herde einsetzen« (Dekret über
Dienst und Leben der Priester, Nr. 16).
Die Verpflichtung der Priester zum Zölibat muß wieder
stärker als überlieferte Praxis unserer Kirche gesehen
werden, die heute in den östlichen Bereichen ihres Ver-
breitungsgebietes gleichzeitig auch einen verheirateten
Klerus kennt und respektiert. Dieser meist nur wenig bekannte Tatbestand ist aufschlußreich. Die katholischen
Priester der Ostkirchen könnten sich eines Tages durchaus auch hier bei uns wiederfinden, wenn die Wechsel-
fälle der Geschichte sie zwingen sollten, ihr Land zu verlassen (was heute im Libanon geschieht, läßt diese Möglichkeit keineswegs als Gedankenspielerei erscheinen).
Dann hätten wir bei uns ebenfalls verheiratete Priester,
die die Messe feiern und ihr Amt ausüben.
Ich weiß, daß es keine Wundermittel gibt und daß die
örtlichen Gegebenheiten in der ganzen Welt sehr verschieden sind. Angesichts der uns drohenden Erstickung
erscheint es mir aber wünschenswert, daß sich die Gemeinden mit dieser Frage in der Freiheit auseinanderset-
zen können, die das Evangelium gibt. »Was alle betrifft,
muß auch von allen besprochen werden«, lautet ein altes
Sprichwort.
In der Vollversammlung in Lourdes habe ich noch eine
zweite Angelegenheit vorgetragen, die allerdings auf
einer anderen Ebene liegt und die man mit der vorherigen

nicht vermengen sollte. Es ging dabei um die Priester, die verheiratet sind und deshalb ihr Amt nicht mehr ausüben. Viele von ihnen leiden darunter, sich von der Kirche ignoriert oder zurückgestoßen zu fühlen. Sie haben die besten Jahre ihres Lebens und ihrer Jugend in den Dienst der Kirche gestellt, aber von dem Tag an, an dem sie heirateten, sind sie nichts mehr. Ich wollte in Lourdes inmitten der Bischöfe einmal vielen von ihnen meine Stimme leihen und ein befreiendes Wort für sie laut aussprechen.

Man darf die verheirateten Priester nicht vergessen. Gott liebt sie. Im Evangelium gibt es keine ausweglose Situation. Welche Vergangenheit ein Mensch auch hat, ihm wird eine Zukunft angeboten. Wir versagen uns heute den Dienst, den verheiratete Priester der Kirche gern leisten würden, während viele Gemeinden von allen Seiten danach rufen.

Früher wäre mir eine solche Fragestellung nie in den Sinn gekommen. Und wenn es jemand gewagt hätte, sie vorzutragen, hätte ich mich innerlich dagegen gesträubt. Inzwischen aber habe ich durch allzu viele persönliche Lebensberichte zu mehr Wohlwollen und Verständnis für unlösbare Konfliktsituationen gefunden; allzu viele Gesprächspartner haben mir die Notwendigkeit einer Parteinahme der Hoffnung einsichtig gemacht und haben mein Verhältnis zum Leben und zum Evangelium verändert.

Nach meiner Rückkehr aus Lourdes werde ich von einem Ereignis in Anspruch genommen. Jean-Jacques Patin, ein Ziegenzüchter, hat Probleme mit dem Crédit Agricole, der landwirtschaftlichen Genossenschaftsbank. Er will in der Kirche von Pont-Audemer in Hungerstreik treten. Sein Kampf gegen die Bank wird von den Mitgliedern einer kleineren Bauerngewerkschaft unterstützt. Jean-Jacques Protest ist zugleich der Protest der kleinen Landwirte. Ich stelle mich auf seine Seite und biete ihm

meine Unterstützugn an, um die öffentliche Meinung
auf all die Bauern zu lenken, die in unserem Département in Bedrängnis geraten sind. Das Unterstützungskomitee kommt zu mir ins Bischofshaus und bittet mich
unter anderem, die Samstagabendmesse in Pont-Audemer zu feiern und dabei die Predigt zu halten. »Wenn Sie
kommen« sagen sie mir, »dann geben wir das bekannt.
Dann werden viele kommen, Gläubige wie Ungläubige.«
Ich habe den Vorschlag angenommen.
Die Kommission für Fragen der Landbevölkerung trat
daraufhin zu einer Dringlichkeitssitzung zusammen,
um die Angelegenheit zu prüfen und kollegial eine Botschaft vom Evangelium ausgehend zu erarbeiten. Mein
Predigtentwurf erhielt die Zustimmung der Gruppe. Am
Samstag abend ist die Kirche voll bis auf den letzten
Platz. Von überall her, auch aus den umliegenden Départements, sind Bauern zusammengekommen. Es ist eine
ungewöhniche Gemeinde, die sich da um Jean-Jacques
Patin versammelt hat, desen Auflehnung zugleich Zeichen und Appell ist.
Man folgt den Worten der Predigt mit großer Aufmerksamkeit. Nach einer Auslegung des Jesuswortes: »Was
ihr für einen meiner geringsten Brüder getan habt, das
habt ihr mir getan«, komme ich auf den Vorgang zu sprechen, der uns zusammenführt: »Der Fall Jean-Jacques
Patin macht diejenigen sichtbar, die sich selbst nicht
Ausdruck verschaffen, die stumm akzeptieren. In unserem Département werden Jahr für Jahr hundert bis hundertfünfzig Landwirte zur Aufgabe gezwungen. Achtzig-
tausend sind in Frankreich in Bedrängnis. Es gibt Progno-
sen, wonach die jetzige Zahl der Bauern bis zum Jahr
2000 auf die Hälfte zurückgehen wird. Ist das wirklich
notwendig, unumgänglich, zumal in einer Zeit, in der es
an Arbeitsplätzen fehlt?
All das geschieht im Namen ökonomischer ›Gesetze‹,
von denen man behauptet, sie gelten unausweichlich

und lassen sich nicht steuern. Dabei handelt es sich hier
doch auch nur um ein System, das wie alle Systeme ständig einer Revision bedarf, vor allem wenn es derart
schlimme Folgen nach sich zieht. Wir haben uns zu sehr
daran gewöhnt zu meinen und zu sagen, daß ›man ja doch
nichts ändern kann‹!

Was hier geschieht, ist nur ein Zeichen unter anderen dafür, daß dieses System schlecht funktioniert, und zugleich kommt hier der Wille zum Ausdruck, die Situation nicht einfach hinzunehmen, sondern nach Lösungen zu suchen. Hier haben wir außerdem ein Zeichen dafür, daß heute das Geld immer stärker die Wirtschaft und
damit das Leben der Menschen beherrscht. Den Banken
kommt in unseren Tagen ein hohes Maß, ja ein Übermaß
an Macht zu. Auch der Crédit Agricole bleibt von dieser
Entwicklung nicht ausgeschlossen. Was bleibt da noch
von seinem ›genossenschaftlichen‹ Aspekt übrig, der
doch echte Solidarität und zumindest einen wirklichen
Dienst beinhaltet?

Hinter den Geschäftsziffern stehen Situationen menschlicher Not. Hinter Geldnöten stehen Männer und Frauen
mit ihren Ängsten, wie sie leben und überleben sollen,
stehen Kinder, die die Folgen eines Scheiterns ausbaden
müssen. Wer kann hinnehmen, daß ein solches Wirt-
schaftssystem immer mehr Landwirte ins Abseits beför-
dert? Was hier geschieht, ist ein Zeichen dafür, daß es in
unserem Land eine Zweistufengesellschaft gibt, in der
sich immer mehr tote Winkel der Armut ausbilden.«

Ich sage schließlich noch allen Dank, die sich aufge-
macht haben, um Menschen in Not zu verteidigen, um
nach Alternativen zu suchen, um eine neue Solidarität
auf die Beine zu stellen …

Die Versammlung applaudiert. Und nun treten verschiedene Teilnehmer ganz spontan ans Mikrophon und sagen, was sie auf dem Herzen haben. Der Funke springt
über. Die Versammlung findet Freude am frei gesproche-

nen Wort. Von all dem halte ich fest, daß es für unsere
Gesellschaft Menschen gibt, die überflüssig sind; wirklich modern ist jedoch nur die Gesellschaft, in der es weniger Ungleichheit, weniger Abgeschriebene gibt.

Der Privatsender Canal Plus schickt ein Aufnahmeteam
ins Bischofshaus, um einen Fernsehbericht zu filmen. Im
Laufe des Interviews stellt man mir unangekündigt eine
Frage über den Gebrauch von Kondomen.

Ich habe das Drama miterlebt, wie Eltern ihren Sohn
durch die Aids-Krankheit verloren haben; ich kenne das
Drama derer, die einen Freund verloren haben, das
Drama des Mannes, der erfahren muß, daß er den Erreger
in sich trägt. Ich habe im Krankenhaus von Évreux mit
angesehen, wie man an Aids stirbt. Mit der rasanten Verbreitung des Virus ist nicht nur eine neue Situation entstanden, weil uns damit neue Gefahr droht, sondern weil
zugleich Verdacht und Mißtrauen dem Mitmenschen gegenüber gesät wird. Ein Grund mehr, weshalb man alles
fördern sollte, was zur Verantwortung und Liebe hin-
führt.

Man darf junge Menschen nicht einer schweren Gefähr-
dung überlassen, indem man ihnen unantastbare Prinzipien in Erinnerung ruft. Im Namen von Prinzipien kann
man Tod säen. Das Präservativ ist derzeit das einzig
wirksame technische Hilfsmittel. Es verbieten zu wollen, ist gleichbedeutend mit unterlassener Hilfeleistung
für Menschen in Not. Es genügt nicht, von Treue zu reden. Sexualität außerhalb der Ehe ist ein gesellschaft-
liches Massenphänomen.

Man muß alles unternehmen, um das Leben jedes einzelnen Menschen unabhängig vom moralischen Lebens-
wandel zu retten, denn das menschliche Leben kennt
keinen Preis, und wir stehen im Dienst des Lebens. Die
Gesundheitsministerin erklärt deshalb mit Recht: »Wir
haben nur die Alternative zwischen partnerschaftlicher
Treue und dem Präservativ.«

Die Zeitschrift »Libération« veröffentlichte in der Ausgabe vom 28. November 1988 unter dem Titel »Die Kirche pfeift Abseits« die Ergebnisse einer Umfrage zu den Themen Kondome, Pille und zum Film »Die letzte Versuchung«.

Man hat mich um einen Kommentar zu den Ergebnissen gebeten. In diesem Text heißt es: »Die Umfrage zerstört alle Illusionen. Zu allen drei Fragepunkten meint eine große Mehrheit jeweils, daß die Kirche hier über ihre Rolle hinausgeht... Sogar unter den regelmäßigen Kirchenbesuchern meint die Mehrheit, die Kirche gehe hier ›zu weit‹.« Ich füge dann hinzu: »Die Umfrageergebnisse belegen den Mangel an Verständnis zwischen den Stellungnahmen der Kirche und der öffentlichen Meinung.«

Papst Johannes Paul II. hat im Oktober 1988 Frankreich besucht und ist im Meinau-Stadion von Straßburg mit jungen Menschen zusammengetroffen. Ich habe mich bei dieser Versammlung sehr unwohl gefühlt. Mir mißfiel die Atmosphäre. Ich fragte mich: »Welche Art von Jugendlichen ist hier eigentlich beisammen? Vertreten sie wirklich die Jugend Frankreichs?«

Der Papst verließ die offizielle Tribüne, ging in einer starken Geste selbst zur Mitte des Stadions zu einer Gruppe von Jugendlichen und blieb bei ihnen stehen: Ein wunderbares Bild des Teilens und der Gemeinschaft. Mir schien aber das Publikum immer wieder gegen den Sinn seiner Rede zu applaudieren. Wenn Johannes Paul II. von der Gerechtigkeit sprach, fanden seine Worte kaum ein Echo. Es war, als hätte man es nicht gehört. Sobald sich aber ein Satz auf das Privatleben bezog, kam es zu wahren Ovationen. Als der Papst sagte: »Gott hat Mann und Frau nach seinem Bild erschaffen«, löste dieses einfache Bibelzitat frenetischen Beifall aus. Er fuhr fort: »Die Eheleute... Die Treue...«, und jedesmal wurden schon diese Worte auf den Rängen beklatscht. Die Art und Weise, wie man hier auf Biegen und Brechen zu jedem Hinweis auf die traditionelle Moral applaudierte, schien mir sonderbar.

Vor kurzem hat mir eine Frau aus der Équipe der Schülerkatechetinnen ihren Ärger mitgeteilt: »Ich kann das nicht begreifen. Das Leben ist so schon schwer genug. Und dann kommt die Kirche und lädt uns noch zusätzliche Lasten und strenge Verbote auf, ohne uns beim Tragen zu helfen. Ich habe es nicht gern, wenn man sich in meine privaten Dinge einmischt und meine Probleme noch vermehrt.«

Anweisungen aus dem Vatikan kommen vor allem in Fragen der Sexualität nicht gut an. In den Personen von Bischöfen zieht die Kirche gegenwärtig im Bereich der Moral ins Feld. Aber ihre Stellungnahmen werden von den Menschen als Verurteilungen aufgefaßt.

Es ist wichtig, daß die Kirche zu einem Verständnis für die Gesellschaft findet. Sonst spricht sie nur, um ihre Prinzipien hochzuhalten, aber nicht, um wirklich auch Gehör zu finden. Was zum Beispiel das »Fleisch« betrifft, so kommt es in der Kirchengeschichte immer wieder zu einer Art von Abrechnung, zu einer übertriebenen Polarisierung, die ich mir zwar nicht recht erklären kann, die aber fortbesteht. Dabei hat das Evangelium an keiner Stelle die Sexualität tabuisiert. Christus kommt kaum auf sie zu sprechen, aber wenn man ihn befragt, antwortet er in großer Freiheit. So stellt man ihm Fragen zur Scheidung, zur Ehelosigkeit, zum Eunuchentum. Niemals verurteilt er. Die Menge will die sündige Frau steinigen, aber Jesus greift ein: »Wer von euch ohne Sünde ist, werfe als erster einen Stein auf sie.« Darauf zieht sich die Menge zurück, die Ältesten zuerst. Und Jesus vergibt dieser Frau, ermahnt sie aber auch: »Geh«, sagt er zu ihr, »keiner hat dich verurteilt. Aber sündige von jetzt an nicht mehr.« Wie kann man dieses Verständnis Christi, diese Güte ignorieren?

Ich habe beschlossen, mir den Film »Die letzte Versu-

chung« von Martin Scorsese anzusehen. Der Besitzer des
Filmtheaters von Évreux hatte mich freundlicherweise
zu einer Aufführung eingeladen, aber ich hatte abgelehnt, um jede Provokation zu vermeiden und ihm auch
selbst mögliche Zwischenfälle zu ersparen. Ich glaubte
aber, mir wenigstens das Recht nehmen zu dürfen, den
Film zwanzig Kilometer weiter in Val-de-Reuil anzusehen. Irgendwie hatte der Bürgermeister davon Wind bekommen, und er empfing mich am Eingang. Andere gewählte Volksvertreter waren ebenfalls anwesend. Nach
dem Film warteten schon die Journalisten, darunter der
Vertreter der Agence France Presse aus Rouen, um nach
meinen Eindrücken zu fragen. Am nächsten Morgen gingen meine Stellungnahmen durch alle Sender und Zeitungen.

Der Skandal steckt wohl kaum in dem Film selbst. Er
liegt in der Intoleranz derer, die ihn mit Gewalt bekämpfen und vor allem seine Verbreitung mit allen Mitteln
verhindern wollen. Ich bin gegen die Intoleranz, von welcher Seite auch immer. Intoleranz tötet ebenso wie Waffen.

Manche Szenen haben mich bewegt: die Steinigung Maria Magdalenas, das Abendmahl. Im Film erscheint Jesus
sehr menschlich, sanft und zerbrechlich. Als wahrer
Mensch liebt er mit einem menschlichen Herz. Warum
soll man sich über diesen »allzu menschlichen« Aspekt
Jesu aufregen? Ist der Bereich der Körperlichkeit so
furchterregend, daß er unseren Glauben in Gefahr
bringt?

Bei dieser Gelegenheit sollten wir uns wirklich einmal
fragen, wer Jesus eigentlich für uns selbst ist. Was bedeutet es für uns, daß Jesus wahrer Mensch ist? Was haben
wir aus der Menschheit Jesu gemacht? Der Film stellt die
eigentlichen Fragen über die Auferstehung Christi und
seine Menschheit. Für Jesus ist ja kennzeichnend, daß er
der Menschheit ausgeliefert ist. Er gehört nicht den Kir-

chen. Er ist nicht Eigentum der Christen. Er ist für alle
gestorben. Er hat sein Blut für die Vielen vergossen.
Jesus hat sich der Gefahr von Fehlinterpretationen ausgesetzt. Man macht ihm den Prozeß, damals und weiter bis
ans Ende der Welt. Er hat es hingenommen, daß man ihn
in seiner Passion entstellte. Auch im Film von Scorsese
wird er entstellt. Auch von den Christen und den Kirchen wird er entstellt. Von einer reichen Kirche beispielsweise: Sie entstellt den Christus, der arm geboren
ist, der arm gelebt hat und arm gestorben ist; von einer
Kirche beispielsweise, die sich mit den Mächtigen verbündet: Jesus behielt seine Freiheit den Machthabern gegenüber, die er stets heftig kritisiert hat; von einer Kirche
beispielsweise, die eine doktrinäre Sprache spricht: Jesu
Freiheit im Wort war unbegrenzt... Was haben wir aus
dem Mann aus Nazaret gemacht, den man Christus
nennt?
Die Sache mit dem Film ist kaum vorüber, da bitten mich
die Männerzeitschrift »Lui« und das Homosexuellenblatt »Gai Pied Hebdo« um ein Interview bzw. um einen
Artikel. Keine der beiden Zeitschriften hatte ich je gelesen. Die Homosexuellenzeitung hatte eine Serie in Vorbereitung zum Thema: Katholisch und homosexuell
heute. Verschiedene Lebensberichte sollten darin veröffentlicht werden. Der Wunsch kam auf, der Bischof von
Évreux könnte dazu eine Einführung schreiben. Ich habe
mich über die Zeitschriften erkundigt, habe gebetet und
mich beraten lassen. Würde ich nicht schockieren, verär-
gern, Skandal auslösen? Ging das nicht doch ein bißchen
zu weit, hieß es nicht, die Angel allzu weit hinauswerfen
und sich auf eine Provokation einlassen?
Eine Stelle aus dem Evangelium hat sich aufgedrängt:
»Als Jesus in seinem Haus beim Essen war, kamen viele
Zöllner und Sünder und aßen zusammen mit ihm und
seinen Jüngern. Als die Pharisäer das sahen, sagten sie zu
seinen Jüngern: Wie kann euer Meister zusammen mit

Zöllnern und Sündern essen? Er hörte es und sagte:
Nicht die Gesunden brauchen den Arzt, sondern die
Kranken. Darum lernt, was es heißt: Barmherzigkeit will
ich, nicht Opfer. Denn ich bin gekommen, um die Sünder
zu rufen, nicht die Gerechten« (Mt 9,10−13).
Jesus hat mit seinem Verhalten und seinen Worten die
Menschen damals schockiert. Er scheute sich nicht,
auch mit Leuten und an Orten zu verkehren, die in
»üblem Ruf« standen. Ich dachte daran, daß die gute Botschaft für alle bestimmt ist, daß sie zu verkünden ist, »sei
es gelegen oder ungelegen«. War etwa der Ort selbst
»schockierend«, wo ich sprechen sollte? Gäbe es demnach einen Bereich, dem allein die Frohe Botschaft vorbehalten wäre, die ich meiner Sendung gemäß doch allen
Menschen, zu jeder Zeit und an allen Orten zu verkünden habe? Mit einiger Gelassenheit habe ich also der
Zeitschrift »Lui« an einem Stück mein Interview gegeben und habe kein Wort nachträglich zurückgenommen.
Ich war auch froh darüber, zu den Homosexuellen sprechen zu können, weil ich weiß, daß sie oft mit Zeichen
der Intoleranz konfrontiert sind. Sie sind Opfer einer echten Diskriminierung, das gilt auch für die katholischen
Homosexuellen, die sich von ihrer Kirche zurückgewie-
sen fühlen. Ich habe von der Notwendigkeit gesprochen,
sie anzunehmen.
Die beiden Artikel waren noch nicht erschienen, als auf
einmal die »Minitel-Affäre« losging. Ich will mich nicht
von den Bischöfen absetzen. Dennoch gab mir ein auf-
schlußreicher Vorfall im Januar 1989 zu verstehen, daß
ich ins Abseits geraten war. Ausgangspunkt dieser aben-
teuerlichen Geschichte war eine Initiative der »Chrétiens
Médias«, einer Einrichtung der Kirche Frankreichs für
moderne Kommunikationsmittel. Im Anschluß an
meine Stellungnahmen zur Möglichkeit einer Priesterweihe für verheiratete Männer, zum Gebrauch von Präservativen im Kampf gegen Aids und zum Film »Die

letzte Versuchung« hatte diese Einrichtung über »Minitel« [einen in Frankreich weitverbreiteten Bildschirm-
textservice der französischen Post] eine große Zahl von
Anfragen beobachtet: Viele Katholiken waren neugierig geworden und wollten mehr über meine Aussagen
erfahren. Der Gedanke kam auf und wurde mir unter-
breitet, ich solle am besten den Fragestellern über
»Minitel« selbst antworten. Chrétiens Médias wollte die
Möglichkeit bieten, zwei Wochen lang über einen Bild-
schirm-»Briefkasten« Verbindung zum Bischofshaus von
Évreux aufzunehmen.
Ich hatte zwar noch keine Erfahrung im Umgang mit solchen modernen Medien, aber ich habe schließlich zuge-
sagt. Das Angebot schien mir geeignet, mehr Verständnis
für meine Positionen zu wecken. Chrétiens Médias trifft
daraufhin die nötigen Vorbereitungen und stellt einen
Fernschreiber ins Bischofshaus; ein eigenes Sekretariat
soll die eintreffenden Fragen vorsortieren; ich halte mir
die nötige Zeit für jeden Tag im Terminkalender frei. Ich
erhalte bereits Anrufe von neugierigen Journalisten. Das
sei das erste Mal, so erfahre ich von ihnen, daß ein Bischof bereit sei, so direkt und ohne Sicherheitsnetz mit
ganz Frankreich zu korrespondieren. In einem Kommuniqué an alle Diözesen und an die Presse kündigt Chrétiens Médias die Aktion an.
In letzter Minute – Krach! – wird die ganze Sache auf
höhere Weisung und ohne ein Wort der Entschuldigung
oder Erklärung mir gegenüber abgeblasen. Ich werde tele-
fonisch darüber informiert. Man hat Chrétiens Médias
gebeten, von dem Vorhaben Abstand zu nehmen. Für
mich heißt das: Auf höchster Ebene will man nicht, daß
sich der Bischof von Évreux öffentlich äußert.
An sich ist der Vorfall banal, aber er scheint mir doch
bezeichnend im Hinblick auf eine Grundfrage über die
Rolle der Kirche in der Gesellschaft. Als Echo auf meine
unterschiedlichen Erklärungen und Engagements rich-

tete sich die Sanktion gegen das Ganze. Ging es hier, abgesehen von einem Redeverbot, nicht viel grundsätzlicher um die Meinungsverschiedenheit über die Art und Weise eines Dialogs mit der modernen Welt, über den Ort des Religiösen in der Gesellschaft, über die Verbindung zwischen Glaube und Vernunft?

Natürlich mag man es bedauern, daß dabei die Rede- und Ausdrucksfreiheit beeinträchtigt wurde. In den Tagen nach dem Verbot haben mir allerdings ein Dutzend Zeitungen und Organisationen die eigene Minitel-Leitung angeboten, um die Aktion dennoch durchzuführen. Ich habe jedesmal um des Friedens willen abgelehnt. Das Problem liegt aber auf einer anderen Ebene. Man mag auch das schlechte Image bedauern, das die Kirche sich selbst verschafft, wenn sie einen aus den eigenen Reihen sanktioniert. So etwas macht sich nicht gut in der Öffentlichkeit. Das Problem liegt aber vor allem in dem Punkt, der letztlich die Affäre ausgelöst hat, nämlich in der Art der Begegnung mit der Wirklichkeit, der Deutung des Konzils, der Sicht von Gesellschaft. Es geht weniger um ein Personen-Problem als um eine Grundsatzdebatte, die durch bestimmte Verhaltensweisen ausgelöst wurde.

In unserer Zeit, die geprägt ist von einer »Wiederkehr des Religiösen«, möchten viele um jeden Preis den Absolutheitscharakter des Religiösen bekräftigen, der in den zuständigen Institutionen ein Zeichen findet. Sie stemmen sich dabei gegen jene, die an die extreme Würde des Menschen als höchsten Wert glauben und die Religion als Werkzeug ansehen, um diesem Wert mehr Geltung zu verschaffen. Diese Auseinandersetzung nimmt heute Formen an, die der einstigen Auseinandersetzung zwischen den frommen Pharisäern und dem radikalen tempelreinigenden Jesus ähnelt.

Auf der einen Seite steht eine starke Institution und verteidigt eine Dimension des Religiösen, deren die Gesellschaft bedarf, um ihre Ängste zu bewältigen, und die

einem tiefen Bedürfnis des Einzelmenschen und der Gesellschaft entspricht. Auf der anderen Seite stehen Männer und Frauen oft allein mit dem Versuch, aus eigenem
Glauben und eigener Liebe heraus ein Wort zu riskieren.
Weil für sie Religion nicht mehr der Garant ist für ein
Funktionieren der Gesellschaft, hält man ihnen vor, sie
wollten dieses Funktionieren in Frage stellen und »Politik machen«. Sie sind jedoch sehr aufgeschlossen für die
Zeichen der Präsenz und des Handelns Gottes im Leben
der Menschen, und zwar überall.

Die Kirche des Zweiten Vatikanischen Konzils hat uns
aufgefordert, die Zeichen der Zeit wahrzunehmen, die
die Zukunft der Menschen und die Verkündigung des
Evangeliums aufs Spiel setzen. Diese Konzilskirche
zeigt ein Gehör und eine Offenheit wie Christus im
Evangelium; es ist eine Kirche auf der Suche, tastend
oft, die nicht den Anspruch hat, eine Moral durchzuset-
zen, Sicherheiten zu vermelden, die Gesellschaft zu be-
lehren; es ist eine Kirche, die die Welt ihrer Zeit liebt,
die sie nicht pessimistisch betrachtet, die ihr nicht
überheblich entgegentritt. Diesen Kampf gilt es zu
kämpfen, und er darf nicht verlorengehen.

Ich blicke gern auf Jesus, wie er müde vom langen Fuß-
weg an einem Brunnen anhält. Er hat Durst. Er bittet
eine Frau um Wasser. Er bittet zuerst. Er braucht eine
Frau, um ans Wasser zu kommen. Danach kann er ihr
lebendiges Wasser anbieten.

Ich gebe es zu, ich habe so etwas wie Kirchenweh. Ich
beobachte tiefe Enttäuschungen. Glaubende entfernen
sich von der Kirche. Kürzlich habe ich einen Freund
wiedergetroffen, der seit zehn Jahren in der Mission in
Brasilien gearbeitet hatte. Ich habe ihn gefragt: »Wenn
du nach Frankreich zurückkommst, in deine Diözese in
den Bergen, was empfindest du dann? Wie findest du
deine Kirche?« »Sie hat ihren Elan verloren«, antwortet
er mir. Ich fand, der Ausdruck saß.

Es sieht alles danach aus, als habe man die Bezüge zum
Zweiten Vatikanischen Konzil zur Seite gelegt. Christen, die gehofft hatten, sie könnten Dinge selbst in die
Hand nehmen, sie könnten sich in Pfarrgemeinderäten
engagieren, sie könnten auf allen Ebenen Verantwortung teilen, stoßen heute oft auf andere Christen, die
unbeweglich sind, die empfindlich reagieren – »Immer
dieser Dialog, diese Treffen… Wo soll das alles nur hin-
führen?« – und die die Türen zumachen.

Dinge kommen immer mehr ins Abgleiten. Ein Teil der
christlichen Gemeinde fühlt sich dadurch verletzt. Man
sieht, daß die Konservativen kräftig den Wind in ihren
Segeln haben, während die konziliaren Katholiken auf
Abstand gehalten werden, gleichsam in Vergessenheit
geraten. Manche haben es aufgegeben, ihren Glauben zu
praktizieren. Sie protestieren nicht, sie sind die echten
Schweigenden der Kirche, aber sie leiden darunter. Ich
halte es für wichtig, auf ihr Leiden zu achten.

Der Abweg hat vor etwa zehn Jahren begonnen. Ich habe
dafür keine genauen Anhaltspunkte in Daten oder Er-
eignissen. Diese Entwicklung breitet sich im übrigen
sickernd aus. Man stellt sie gewissermaßen überrascht
erst im nachhinein fest, wenn sich Reflexe geändert haben und sich eine gewisse Müdigkeit breitmacht. Künftig gilt stärker der Gehorsam. Die Reden und Handlungen des Papstes werden zum alleinigen Bezugspunkt.
Die Bischöfe werden auf die Aufgaben von Präfekten
eingeengt und spielen die Rolle von Vermittlern. Prinzi-
pientreue erhält Vorrang vor dem Verständnis für Personen. Die Wiederkehr der Gewißheiten ist eingeläutet.

Ich spüre, wie sehr sich kirchendistanzierte Katholiken
in meinen Aussagen wiederfinden. Sie identifizieren
sich mit meinen Worten und bestätigen, daß sie sich
weniger allein fühlen, seit ein Bischof den Weg zu ihnen
gefunden hat. Kürzlich hat ein Gemeindemitglied im
Wochenblatt seiner Pfarrei mit Humor seinen Weg er-

klärt. Der Artikel beginnt mit den Worten: »Bischof, du
gehst mir auf die Nerven.« Danach heißt es: »Ich hatte
schon die Anker hochgezogen und gehofft, ich hätte nun
meine Ruhe mit der Kirche! Aber wenn der Bischof so
weitermacht wie bisher, dann kommen die ganzen Fragen
wieder hoch.« Es gibt noch andere wie er, die neu Vertrauen finden.

Vor einiger Zeit kamen wiederverheiratete Geschiedene
zu mir. Sie leiden seit mehreren Jahren darunter, sich von
der Kirche abgewiesen zu sehen. Man hat ihnen empfoh-
len, sich einmal an den Bischof zu wenden. Ich kenne sie
nicht. Ihr Wunsch: Sie möchten, daß jemand für sie und
mit ihnen in einer Kirche ein Gebet spricht, damit sie
nicht mehr abseits stehen, sondern sich anerkannt fühlen. Ich bin auf ihre Bitte eingegangen. Sie sind an einem
anderen Tag mit ihren beiden Kindern, mit einem wun-
derschönen Blumenstrauß in die Kapelle des Bischofshauses gekommen; sie hatten auf meinen Wunsch hin ein
Gebet vorbereitet. Sie haben dieses Gebet mit Tränen in
den Augen gesprochen. Und dann habe ich meinerseits
das Gebet gesprochen, das ich selbst vorbereitet hatte.

Ich war glücklich, sie glücklich zu sehen. Sie waren nicht
mehr nur am Straßenrand. Sie durften so wie sie waren
mit anderen gemeinsam auf dem Weg gehen. Wie kann
man heute noch die Situation der wiederverheirateten
Geschiedenen übergehen? Es gibt sie in großer Zahl. Muß
man sie unwiderruflich verurteilen? Institutionelle Kon-
sequenz und Strenge lösen hier gar nichts.

Manchmal scheint mir, als spende die Kirche allzuleicht
das Sakrament der Ehe. Fehlt es da nicht ein wenig an
Wirklichkeitssinn gegen Ende dieses Jahrhunderts, da so
viele Partnerschaften in die Brüche gehen? Wäre es nicht
vernünftiger, dieses Sakrament aufzuschieben und nur
denen zu spenden, die seit Jahren standesamtlich getraut
sind und deren Liebe sich als widerstandsfähig erwiesen
hat?

Wir sollten übrigens ein Mißverständnis vermeiden: Man hat mir vorgeworfen, ich habe mich bereit erklärt, ein homosexuelles Paar zu segnen. Ich habe niemals diese Sprache gebraucht, und sucht man nach den Ursachen des Mißverständnisses, so entspringt es dem Wort »segnen«, wenn man es der Alltagsbedeutung nach und nicht im ursprünglichen Sinn auffaßt. Segnen heißt Gutes sprechen [bene dicere], es beinhaltet kein Gutheißen. Um es deutlich zu sagen, mir ging es darum zu beten, das Heil zu bezeichnen, das Gott für seine Geschöpfe will. Im Evangelium läßt Gott seine Sonne über Gute wie Böse scheinen. Sein Segen strahlt über die ganze Welt. Es gibt niemals einen Ausschluß von der Güte Gottes, und wir selbst sind nur Mittler.

Bei einem Treffen breitet ein Arbeiterpriester einige Zeitungsausschnitte aus letzter Zeit vor mir aus und sagt: »Siehst du diese Photos: Sie zeigen zwei Kirchen. Ich bin hier, bei den Gewerkschaftern, die kämpfen und eine Fabrik bestreiken.« Auf dem anderen Photo zeigt er mir einen Priester im Chorgewand, der ein Denkmal einweiht; ringsherum stehen Abordnungen der Frères de la Charité mit zahlreichen Bannern. »Zwei Gesichter von Kirche«, wiederholt er.

Er hat recht. Und ich befürchte, daß die Christen, die sich begnügen, ihren Glauben mit Wallfahrten und sonstigen Prozessionen zu bekunden, dabei ihr grundlegendes Element vergessen. Die Leute, die ich bei Prozessionen treffe, finde ich nicht unbedingt auch als Verteidiger der Menschenrechte wieder. Meine Sorge als Bischof ist es, darauf zu achten, daß religiöse Kundgebungen die Christen nicht von den Orten ablenken, wo sie vorrangig zu sein haben. Der Kampf für die Gerechtigkeit ist Teil der Verkündigung des Evangeliums.

Was ich in Frankreich feststelle, finde ich auch in anderen Ländern wie etwa in Brasilien bestätigt. Im Februar 1986 ging der brasilianische Bischof Pedro Casaldáliga

aus der Diözese São Felix do Araguaia im Nordosten des
Landes durch die Presse. Er hatte in einem Brief an den
Heiligen Vater dem Vatikan vorgeworfen, er wollte der
Kirche Lateinamerikas einen Maulkorb vorhängen.

Pedro Casaldáliga kämpft seit Jahren an der Seite kleiner Bauern und brasilianischer Indianer gegen die All-
macht der Großgrundbesitzer. Vor kurzem hat er den
Christen im revolutionären Kampf in Nicaragua seine
Unterstützung erklärt. Seine Haltung mißfiel in der bischöflichen Hierarchie und brachte ihm Auseinandersetzungen mit dem Kardinal von Managua ein. Er erhielt sogar Todesdrohungen. Ich hatte einmal die Gelegenheit, ihn in São Paulo persönlich kennenzulernen
und schätze seine starke und ausstrahlende Persönlichkeit, seine Nähe zum Volk und seinen Einsatz im
Kampf gegen Unrecht.

Seine Freimütigkeit gegenüber Rom ist seit langem bekannt. Mehrfach hat Bischof Casaldáliga sich in der Vergangenheit geweigert, zum berühmten ad-limina-Be-
such – dem für jeden Bischof obligatorischen Besuch
alle fünf Jahre beim Papst – nach Rom zu fahren, weil er
das Geld für die Reise lieber seiner Kirche zukommen
lassen wollte. Schließlich wird er dennoch in den Vatikan bestellt, aber er schickt erst einmal ein langes
Schreiben voraus, adressiert an Papst Johannes Paul II.,
seinen »Bruder in Jesus Christus und Hirten unserer
Kirche«. Es ist ein großartiger Brief! Darin wendet er
sich Punkt für Punkt gegen die kulturellen Vorurteile
der römischen Kurie gegenüber den Kirchen in Lateinamerika, Afrika und Asien; gegen eine starke Marginalisierung der Frauen in der Kirche, wie sie durch das kano-
nische Recht und die kirchlichen Strukturen noch verstärkt wird; und wider die Schwierigkeiten, die man den
Theologen der Befreiung im Kreis des Kardinalskolle-
giums selbst macht. Schließlich erlaubt sich Pedro Casaldáliga »ein Wort der brüderlichen Kritik« Papst Jo-

hannes Paul II. gegenüber. Er erinnert ihn daran, daß traditionelle Titel wie »Heiliger Vater« oder »Eure Heiligkeit« offensichtlich »wenig evangelisch« sind und schlägt ihm vor, »die Kleidung und Gesten zu vereinfachen und so die Distanzen in unserer Kirche zu verringern...« Solche Worte gefallen mir.

Ebenfalls im Ausland kam es, für mich beunruhigend, im Januar 1989 zu einer Reihe von Bischofsernennungen, bei denen der Vatikan besonders konservative Kandidaten an die Spitze von Diözesen durchsetzte. Gewiß steht dem Papst bei der Ernennung von Bischöfen immer das letzte Wort zu. Dabei ist es aber gute Tradition, daß er die vorhergehenden Wahlen seitens der örtlichen Kirche respektiert. Die in den vergangenen Monaten von Rom eingeleitete gegenläufige Entwicklung wirft Fragen auf: Was wird aus dem Dialog in unserer Kirche?

Nach dem Minitel-Verbot und dem Erscheinen der Artikel in »Lui« und in »Gai Pied Hebdo« verstärkt sich der Wirbel. Die öffentliche Meinung wird Zeuge von Meinungsverschiedenheiten und Verständnisschwierigkeiten zwischen dem französischen Episkopat und dem Bischof von Évreux. Diese Situation konnte nicht andauern, ohne dem Auftrag der Kirche zu schaden. Die Verkündigung des Evangeliums bedarf der ungeteilten Solidarität der Bischöfe. Es gibt keine Missio ohne Communio. Die Treue zu Christus trennt nicht von der Treue zur Kirche. Ich mußte an die Diözese von Évreux und ihre Vorbereitung auf eine Synode denken, an alle, die am Abenteuer des Evangeliums teilnehmen. Ein Schritt von meiner Seite war notwendig, um meine Treue zur Kirche zu manifestieren. Ein Schritt meines Glaubens.

Kardinal Decourtray von Lyon, seit 1981 Vorsitzender der französischen Bischofskonferenz, und ich hatten den Wunsch zu einer Begegnung. Es bedurfte einer Ge-

ste der Solidarität, um der Öffentlichkeit zu zeigen, daß
unsere Meinungsverschiedenheiten nicht unüberwind-
lich sind, zumal die dringenden Herausforderungen von
heute es verbieten, uns mit innerkirchlichen Konflikten
aufzuhalten.

Am 15. Februar morgens um acht Uhr erwartet mich der
Kardinal im Sekretariat der Bischofskonferenz in Paris.
Wir frühstücken zusammen und gehen danach eine
Acht-Punkte-Erklärung durch, mit der wir gemeinsam
unsere Übereinstimmung manifestieren wollen. Der
Photograph kann kaum seine Aufregung darüber verheimlichen, daß man ihn zu diesem Anlaß gerufen hat.
Diese gemeinsame Erklärung hat in der Öffentlichkeit
Verwirrung gestiftet. Manche zeigten sich enttäuscht
und betroffen, weil sie darin das Bild einer autoritären
und unbeugsamen Kirche wiedersahen. Andere haben
die Erklärung begrüßt und sich über das Bild einer Kirche gefreut, die imstande ist, ihre Schwierigkeiten zu
überwinden, um die Gemeinschaft zu erhalten.
Es geht um den Preis der Einheit. Bei der Pressekonfe-
renz am Tag nach der gemeinsamen Erklärung in Paris
hat mich ein Journalist gefragt: »Werden Sie nicht früher oder später einmal gezwungen sein, zwischen einer
Solidarität um den Preis des Schweigens und einer Freiheit um den Preis des Bruchs zu wählen?«
Ich gab lächelnd zur Antwort: »Das wird die Zukunft
zeigen.«

5. Der rote Bischof

Ein Journalist fragt mich ganz direkt: »Sie machen mit ihren Positionen an verschiedenen Fronten in der Kirche immer wieder von sich reden: für den Frieden, für die Befreiung von Nelson Mandela, für ein Land der Palästinenser. Weshalb diese drei Frontkämpfe?«

Wegen der Ungerechtigkeit. Da liegt der gemeinsame Nenner aller drei Kämpfe. Ohne Gerechtigkeit gibt es keinen Frieden. Gerechtigkeit schafft Frieden. Die Gefahren der atomaren Rüstung, der internationale Waffenhandel, die Bedrohung durch chemische Waffen bringen die Völker nicht auf den Weg zu einer wahren Entwicklung, die unsere Erde bewohnbarer macht, das Leben menschlicher gestaltet und die Schöpfung bewahren kann.

Oder sind die Wahnsinnssummen, die man in die Rüstung steckt, kein Skandal, wenn täglich Tausende von Kindern den Hungertod sterben? Wenn die Umwelt auf unserem Planeten immer schlimmer zerstört wird? Wir wissen, daß reiche Länder den ärmeren das nötige Kapital sogar vorstrecken, damit sie Waffen kaufen können.

Hierzulande erheben sich wenig Stimmen gegen die nukleare Bewaffnung und die Atomversuche im Pazifik. Wer verurteilt denn das Wettrüsten? Wer stellt sich schon Fragen über die Gesetzmäßigkeiten militärischer Planung und Programme? Gibt es da unter Christen nicht ein merkwürdiges Schweigen? Man kann nicht um den Frieden beten, ohne sich für den Frieden einzusetzen.

Mandela hat am eigenen Leib die Ungerechtigkeit erlitten, unter der sein Volk zu leiden hat. Er ist das Sybmol für den Widerstand seines Volkes. Wer Freiheit für Man-

dela fordert, der stellt zugleich die strukturelle Ungerechtigkeit des Apartheidregimes an den Pranger, der fordert vor allem die Aufhebung der Apartheid.

Die Palästinenser sind Opfer der Ungerechtigkeit. In
mehr als zwanzig Jahren Besatzungszeit hat man ihre
Würde mit Füßen getreten. Mit Waffenlärm kann man
ihre Stimme nicht übertönen. Mit Repression lassen sich
die Konflikte mit diesem Volk nicht lösen, das immer
mehr eigenes Selbstbewußtsein entwickelt.

Die Bischofssynode von 1971 in Rom hat sehr deutliche
Worte gefunden und geradezu prophetisch erklärt: »Der
Einsatz für die Gerechtigkeit und die Teilnahme an der
Umgestaltung der Welt erscheinen uns voll und ganz als
wesentliche Dimension der Verkündigung des Evangeliums, zu der die Kirche für die Erlösung der Menschheit
und ihre Befreiung aus aller Unterdrückung gesendet
ist.«

Genau das ist der rote Faden, der dieses dreifache Engagement zusammenbindet.

Mein »Einsatz« begann bescheiden im März 1983 in Évreux, als ich als Zuhörer am Verfahren gegen einen
Kriegsdienstverweigerer teilnahm. Als entschiedener
Anhänger der Gewaltlosigkeit sah ich es als ein Zeichen,
mich an die Seite des jungen Tierarztes zu stellen, der
sich gegen den Sonderstatus wehrte, mit dem Verweige-
rer aus Gewissensgründen gesetzlich vom Militärdienst
befreit werden. Ich meine, man darf die Dauer eines Er-
satzdienstes nicht so ausdehnen, daß sich ein Verweige-
rer dadurch bestraft sieht. Vor allem aber scheint es mir
dringend nötig, eine Alternative zur Verteidigung mit
Waffen zu finden. Ein Volk ohne Waffen ist ja nicht deshalb schon einfach wehrlos. Wie können junge Menschen lernen, ihr Land zu verteidigen, ohne zu den Waffen zu greifen?

Der Gerichtssaal war voll besetzt. Viele Jugendliche, ein
bißchen »ausgeflippt« und mit langen Haaren, waren aus

der ganzen Gegend zusammengekommen. Ich setzte mich zu ihnen. Ich habe kein Wort gesagt, aber meine Anwesenheit war Aussage genug. Vor der Tür haben mich die jungen Leute umringt und sich bedankt.

Von diesem Tag an stehe ich im Ruf eines Antimilitaristen. Aus Militärkreisen erhalte ich, von wenigen Ausnahmen abgesehen, keine Einladungen mehr zur Luftwaffenbasis oder in Kasernen. Die Kriegsveteranen sind verärgert. Der Bischof hat das Bündnis zwischen religiöser und militärischer Macht, zwischen Säbel und Weihwasserwedel verletzt. Ein Militärseelsorger kommt mir zu Hilfe und erklärt: »Er ist halt noch ein junger Bischof. Das war ein Anfangsfehler. Er wird es schon noch lernen.« Bis heute habe ich es nicht gelernt...

Pierre-André Albertini stammt aus Évreux, seine Eltern ebenfalls; beide sind Lehrer für Geschichte und Erdkunde am staatlichen Gymnasium der Stadt. Ihr Sohn ist für zwei Jahre als »Coopérant« zu einem Entwicklungsdienst anstelle des Militärdienstes nach Südafrika geschickt worden. Er hat sich das Land nicht ausgesucht, sondern hat eine ihm von den französischen Behörden angebotene Stelle akzeptiert. Das ist alles, was ich weiß, als mich im Herbst 1986 Mitglieder des Unterstützungskomitees für Pierre-André Albertini um ein Gespräch bitten. Sie berichten, daß er in Südafrika im Gefängnis sitzt, und tragen mir ihr Anliegen vor: Ich soll ihnen dabei helfen, die öffentliche Meinung zu mobilisieren, indem ich den Ehrenvorsitz in ihrem Komitee übernehme. Ich weiß nicht, weshalb Pierre-André Albertini im Gefängnis ist. Darin liegt für mich nicht das Problem, und ich habe auch nie danach gefragt. Ich weiß nur, daß Albertini aus Évreux kommt und daß er im Gefängnis sitzt; das genügt mir. Ich erkläre mich bereit, ihn zu unterstützen. Für mich ist es eine Selbstverständlichkeit, daß der Bischof Ausgestoßene unterstützt und der Apartheid eine Absage erteilt.

Eine erste von mehreren Solidaritätskundgebungen findet im Dezember 1986 in der Ausstellungshalle von
Évreux statt. Ungefähr sechshundert Personen sind aus
dem ganzen Département gekommen. Ich werde begrüßt,
lerne die Eltern von Pierre-André Albertini kennen. Beide
sind Mitglieder der kommunistischen Partei; Madame
Albertini ist Mitglied des Stadtrates. Auch der ebenfalls
kommunistische Bürgermeister ist anwesend. Ich gehe
mit ihm aufs Podium. Während der Reden und bevor ich
selbst eine kurze Stellungnahme abgebe, schaue ich mir
die Versammlung an und stelle erstaunt fest, daß ich fast
kein bekanntes Gesicht entdecken kann. Wo sind die Katholiken? Hier ist ein ganz anderes Publikum vor mir; ein
Publikum, das ich in den Kirchen meiner Diözese nicht
erreiche. Wieder einmal erfaßt mich die starke Überzeu-
gung, daß ich nicht nur Bischof für die Christen bin. Die
Kameras des Regionalfernsehens richten sich auf mich:
»Warum ist der Bischof hier?« – »Weil ein Mann aus
Évreux, weil Pierre-André Albertini in Südafrika im Gefängnis sitzt. Ich fühle mich solidarisch mit allen, die
heute abend hier sind. Wir können nicht zahlreich genug
sein, um die Menschenrechte zu verteidigen und uns gegen das Apartheidregime zu stellen.«
Damit bin ich im Getriebe. Die Albertini-Affäre weitet
sich aus. Demonstrationen schließen sich an. Die Medien geraten in Bewegung. Zweimal fahre ich mit vielen
anderen im Bus nach Paris. In der Solidarität entstehen
neue Freundschaften. Aber trotz aller Bemühungen ist in
der Sache noch lange nichts erreicht. Die Eltern von
Pierre-André sind schon selbst nach Südafrika gereist,
um den Gefangenen zu besuchen und können nicht erneut reisen. Man hat ihren Sohn in ein anderes Gefängnis
verlegt. Er ist sehr isoliert.
Warum sollten wir nicht eine Delegation nach Südafrika
schicken? Nach Ansicht des Komitees muß unbedingt
der Bischof dieser Delegation angehören. Man macht mir

den entsprechenden Vorschlag. Ich lasse mich zunächst von anderen beraten und stimme dann zu; wir sind zu fünft bereit, uns auf das Abenteuer einzulassen: der Bürgermeister von Évreux, Anne, die Schwester von Pierre-André, ein Lehrer mit guten Englischkenntnissen, eine Journalistin der Zeitung »Paris-Normandie« und der Bischof.

Die südafrikanische Botschaft in Paris zeigt wenig Entgegenkommen. Die Anträge und Vorbereitungen sind langwierig und schwierig. Am 13. Juli erfahre ich per Anruf, daß nur Anne Albertini und ich ein Einreisevisum erhalten haben. Ich muß mich sofort entscheiden, denn das Flugzeug fliegt am 16. Juli um 23 Uhr 55 ab vom Flughafen Charles de Gaulle in Roissy. Soll ich mitfliegen? Ich bitte um eine Stunde Bedenkzeit.

Zum Glück! Für denselben 16. Juli ist nämlich vorgesehen, daß ich am Bahnhof von Évreux in den Zug steige, um mit den Pilgern meiner Diözese zur Jahreswallfahrt nach Lourdes zu fahren: etwa vierzehnhundert Personen, Kranke, Jugendliche, ganze Familien gehen eine ganze Woche auf Pilgerfahrt zusammen mit ihrem Bischof, der sein Volk begleitet. Ich stecke in der Zwickmühle. Ich muß an das Gleichnis im Evangelium denken: »Wenn einer von euch hundert Schafe hat und eins davon verliert, läßt er dann nicht die neunundneunzig in der Steppe zurück und geht dem verlorenen nach, bis er es findet? Und wenn er es gefunden hat, nimmt er es voll Freuden auf die Schultern, und wenn er nach Hause kommt, ruft er seine Freunde und Nachbarn zusammen und sagt zu ihnen: Freut euch mit mir, ich habe mein Schaf wiedergefunden, das verloren war« (Lk 15,4–6). Es ist besser, ich gehe zu Pierre-André Albertini, der in seinem Gefängnis allein ist, statt mit vierzehnhundert Pilgern an der Grotte von Lourdes zu verweilen. Das Evangelium selbst gibt mir dazu den Anstoß.

Diese Entscheidung hat man mir zum Vorwurf gemacht.

Ich habe jedoch die Pilger aus Évreux nur verlassen, um
sie anschließend noch besser wiederzutreffen. Da das
Flugzeug erst spät am Abend abfliegt, fahre ich gegen
19 Uhr noch schnell zum Bahnhof, um dem Pilgerzug
den Abschiedsgruß zu geben. Ich drücke Hände und erkläre dem einen oder anderen noch schnell, warum ich
nicht mitfahre; dem Wallfahrtsleiter übergebe ich eine
Botschaft für die Kranken, eine zweite ist für die Jugendlichen bestimmt und eine dritte schließlich für sämt-
liche Pilger. Diese Botschaften werden später in Lourdes
verlesen. Dann muß ich schnell zum Flughafen.
An Bord der Boeing 747 herrschen Luxus und behaglicher
Komfort. Unsere Tickets sind für die zweite Klasse bestimmt, aber der Chefpilot, der über unsere Anwesenheit
informiert ist, begleitet uns freundlich in die erste
Klasse. Der Flug ist lang, er zieht sich dreizehn Stunden
hin, und während dieser Zeit werden Anne Albertini und
ich regelrecht verwöhnt. Den aufmerksamen Gesten des
Bordpersonals entnehme ich die Botschaft: »Eure Mission ist schwierig und heikel. Wir wissen das und begleiten euch mit ganzem Herzen.«
Bei der Ankunft wandelt sich schlagartig die Atmosphäre. Schon beim Aussteigen nehmen uns Geheim-
dienstbeamte beiseite und isolieren uns von den übrigen
Reisenden. Nur der französische Konsul in Johannesburg
darf mit uns sprechen. Als hätten wir die Pest! Uns ist
verboten zu telefonieren, Presseleute zu empfangen, gemeinsam an einem Tisch zu essen. Unsere Zimmer im
ersten Stock eines Flughafenhotels werden bewacht. Po-
lizisten lösen sich vor unseren Türen ab. Am nächsten
Tag geht es weiter nach East London, etwa achthundert
Kilometer entfernt. Der französische Konsul aus Kap-
stadt wartet dort auf uns. Eine Autokolonne, sorgfältig
begleitet von Sicherheitskräften, setzt sich in Richtung
Gefängnis in Bewegung, das weitere hundert Kilometer
entfernt liegt.

Plötzlich taucht in der wüstenartigen Landschaft das Gefängnis auf: lange weiße Blöcke, neu erbaut und sehr beeindruckend. Vor den Toren wartet bereits eine Schar von Journalisten und Kameraleuten, aber kein Kontakt ist erlaubt. Immerhin bleibt unsere Expedition nicht unbeachtet.

Wachbeamte führen uns in den Sprechraum. Dort sind etwa ein Dutzend Boxen eingerichtet, untereinander durch Glasscheiben getrennt. Das Gespräch findet durch eine Art Schalter statt.

Für Pierre-André Albertini ist es die totale Überraschung. Seine Freude ist unübersehbar, als er seine Schwester erblickt, die als erste zu ihm in die Sprechbox gelassen wird. Die Atmosphäre ist drückend. Dolmetscher verfolgen die Unterhaltung in französischer Sprache, und wenn ihnen ein Satz entgangen ist, bestehen sie auf Wiederholung. Als Pierre-André mich erblickt, fragt er seine Schwester: »Wer ist denn das?« Ich habe einen Klerikerkragen um, und Pierre-André hat keine Ahnung, wer ich sein könnte. Anne tauscht mit mir den Platz, damit ich mit ihm sprechen kann.

Ungefähr fünfundzwanzig Jahre alt, das Gesicht ziemlich blaß, die Haare kurz geschnitten, mit einem Arbeitsanzug bekleidet, macht Pierre-André Albertini auf mich den Eindruck eines entschlossenen und gar nicht verstörten Mannes, der trotz seiner Gefangenschaft ein freier Mensch geblieben ist. Er ist allerdings überrascht, den Bischof von Évreux vor sich zu haben.

Ich richte ihm zunächst die Grüße des Bürgermeisters von Évreux und des Komitees sowie der ganzen Bevölkerung unserer Normandie und Frankreichs aus. Er ist nicht allein. Ein Großteil der öffentlichen Meinung steht auf seiner Seite im Kampf und setzt sich für seine Befreiung ein. Pierre-André ist sichtlich erfreut über alles, was da in Bewegung gekommen ist und weit über seine Person hinausgeht. »Sagen Sie bitte allen meinen Dank.«

»Was können wir für dich tun?« »Ich hätte gern Informationen, Zeitungen und Bücher zum Lesen. Ich möchte
erfahren, was passiert. Ich erfahre nichts von dem, was
draußen vor sich geht. Die Isolierung ist schrecklich.«
Pierre-André ist bereit, noch länger im Gefängnis zu bleiben, so sehr fühlt er sich mit denen solidarisch, die aus
gleichen Gründen dort eingesperrt sind. Aber er wiederholt noch einmal sein Bedürfnis nach Information. Vor
ihm liegen Zeitungen, Zeitschriften und Bücher aus
Frankreich. Eine dicke Tasche, an die zwanzig Kilo
schwer, haben wir aus Évreux mitgeschleppt, dazu etwas
Kaffee und Zucker. Aber die Tasche steht auf unserer
Seite der Absperrung! Pierre-André blickt sehnsüchtig
danach. Gefängnisdirektor und Sicherheitschef lassen
sich auf keine Konzessionen ein: unmöglich, Pierre-
André die Tasche auszuhändigen. So nehmen wir sie
wieder mit nach Évreux zurück.
Nach vierzig Minuten – ursprünglich hatten wir die Ge-
nehmigung für ein halbe Stunde – unterbrechen die Beamten unser Gespräch. Es bleibt also bei einer einzigen
kurzen Begegnung. Aber psychologisch erweist sich dieser Kontakt als bedeutungsvoll. Pierre-André weiß jetzt
in seinem Gefängnis, daß er nicht allein gelassen ist. Sein
Fall findet Resonanz auf höchster Ebene. Journalisten
und Kameras sind von jetzt an ständig vor den Gefängnis-
toren. Er steht nun unter dem Schutz der öffentlichen
Meinung.
Weiterhin gut bewacht und eskortiert, aber sonst ohne
Zwischenfälle treten wir die Rückreise an. Während des
Flugs nach Paris kommt gleich nach dem Abheben ein
Reporter der Tageszeitung »L'Humanité« zu mir und
fragt, wie die Begegnung verlaufen sei. Ich schildere ihm
meine Eindrücke, die er schon bei einer Zwischenlan-
dung in Kinshasa in Zaire an seine Redaktion durchgibt.
Manche haben dieses Interview ausgerechnet für die
kommunistische Presse später kritisiert. Ich selbst hatte

hier keinerlei Vorzugsrechte eingeräumt: er war lediglich
der einzige Journalist, der mich im Flugzeug befragt hatte.
Wir landen um 23 Uhr 20 in Roissy.
Anne Albertini war sicher, daß ihre Eltern uns wohl er-
warten würden, aber ein derartiges Empfangskomitee
hatten wir uns beide nicht vorgestellt: Die Presse drängt
sich um uns, die großen Sender sind vertreten: Antenne 2,
Europe 1, France Inter... An den Mikrophonen ist kein
Vorbeikommen. Viele Freunde sind aus Évreux gekommen, ein ganzer Bus, und sie tragen Schilder und Trans-
parente. Ein richtiges Volksfest! Ich muß viel erzählen.
Bis wir zu Hause sind, ist es nach drei Uhr morgens.
Mit der Albertini-Affäre habe ich mir den Ruf als »roter
Bischof« eingehandelt. Ich bin keineswegs Mitglied der
kommunistischen Partei. Ich kenne aber Kommunisten,
die sich an Aktionen für Gerechtigkeit und Frieden beteiligen. Das ehrt sie; wenn ich sie so auf den Barrikaden
sehe, wünschte ich mir, es wären noch viele andere mit
dabei.
Meine Begegnung mit kommunistischen Parteimitglie-
dern ergab sich aus den Umständen. Dazu bedurfte es nur
der Gefangensetzung eines jungen Entwicklungshelfers
und nicht gleich, wie manche Gerüchte behaupten, einer finsteren politisch-religiösen Strategie. Andererseits
aber haben mir diese Kontakte Zugang zu einer Zuhörerschaft ermöglicht, die zu treffen ich sonst nie die Gelegenheit gehabt hätte. Künftig gehöre ich in diese Landschaft mit hinein, ohne mich darin zu verlieren.
Wenn ein Mensch im Gefängnis ist, verdient er, daß man
ihn besucht, egal ob er Kommunist ist oder rechtsaußen
steht. Wenn ich in die Haftanstalt gehe, frage ich vorher
nie, ob der eine oder andere ein guter oder ein schlechter
Gefangener ist; ob er seinen Vater oder seine Mutter um-
gebracht hat; ob er Rauschmittel genommen hat oder ob
seine Eltern Kommunisten oder Faschisten sind... Ich
besuche einen Gefangenen. Als Bischof bin ich so frei.

Pierre-Andrés Freilassung im September 1987 war in der
Stadt Évreux Anlaß für ein richtiges Volksfest. Es war
die Stimmung der Wiedersehensfreude und gemeinsamen Glücks: kostbare, lichtvolle Augenblicke. Man at-
mete die Luft einer außergewöhnlichen Geschwisterlichkeit. »Seit ich hier in Évreux bin«, sagte ich bei
einem Fernsehgespräch, »ist dies mein schönster Tag als
Bischof.«

Aber die Verständnislosigkeit gegenüber meiner Rolle
nahm ständig noch zu. Die einen griffen mich heftig an:
»Sie sollten sich um Ihre eigenen Aufgaben kümmern,
Herr Bischof. Sie haben sich nicht in die Politik einzu-
mischen. Beten Sie lieber und schweigen Sie.«

Die anderen spendeten Beifall: »Sie müssen überall dabei sein, wo es um die Zukunft eines ganzen Volkes
geht, vor allem wenn heute die Tendenz besteht, das
›Religiöse‹ vorwiegend als Selbstzweck zu sehen.« Da
stehe ich nun zwischen zwei Strömungen...

Die Verständnislosigkeit erreicht ihren Höhepunkt, als
ich mich im Dezember 1987 gegen die Repression in
den von Israel besetzten Gebieten wende. Mir klingen
noch Bemerkungen wie diese in den Ohren: »Die Sache
mit Albertini kann man vielleicht noch akzeptieren. Er
kam schließlich aus Évreux, und da sind Sie der Bischof.
Aber mit den Palästinensern, wirklich, da kommt un-
sereins nicht mehr mit...«

Nun stimmt es wohl, daß in Évreux keine Palästinenser
leben. Kulturell sind wir weit von diesem Volk entfernt.
Für viele ist »Palästinenser« gleichbedeutend mit »Ter-
rorist« und »Moslem«. Wenn Christen ins Heilige Land
pilgern, begegnen nur ganz wenige dort auch palästinensischen Christengemeinden, und noch weniger bekommen ein Palästinenserlager zu sehen. Ich habe mich bei
vielen Pilgern erkundigt, die begeistert von ihrer Reise
zurückkehrten, aber nichts von der palästinensischen
Wirklichkeit und vom Leiden dieses Volkes mitbekom-

men hatten. Die lebendigen Krippen, die wir uns zu Weihnachten in Frankreich und vor allem in der Provence vor Augen führen, im Heiligen Land finden wir sie heute ständig in den Flüchtlingslagern.

All denen, die verwundert waren über meine Solidarität mit den Palästinensern, hielt ich entgegen, daß heutzutage jede Situation der Ungerechtigkeit, wo sie auch in der Welt geschieht, in unseren Gewissen ein Echo findet. Das Palästinenservolk wird unterdrückt. Auf der internationalen Bühne wird es übergangen. Warum soll man da schweigen?

Genau das aber hat mich auch ein Weißer Vater vorwurfsvoll gefragt: Warum soll man da schweigen? »Alles schön und gut, daß Sie nach Südafrika reisen und dort einen Gefangenen besuchen. Aber wenn es darum geht, die Repression gegen das Palästinenservolk anzuklagen, sagen Sie nichts mehr.« Ganz ähnliches bekam ich von einem Priester aus Lyon zu hören, der unter nordafrikanischen Einwanderern arbeitet. Ich sagte schon, daß ich als junger Priester meine »Hochzeitsreise« ins Heilige Land gemacht habe. Seither bin ich dreimal dorthin zurückgekehrt. Ich habe selbst in Jerusalem eine Cousine, die dort als Ordensschwester in einem Krankenhaus arbeitet. Bei ihr finden sterbende Menschen geschwisterliche Aufnahme, Juden wie Araber; sie spricht beide Sprachen. Sie hat mich in die Slums mitgenommen, ins Elend der Baracken.

Die Vorwürfe sind berechtigt, und ich kann mich in solchem Protest wiederfinden. Aber warum soll dazu ausgerechnet der Bischof von Évreux etwas sagen? Gibt es in Frankreich nicht berufenere Stimmen? Angesichts des Schweigens der offiziellen Kirchen entschließe ich mich, selbst ein Wort zu sagen. Ich rufe die Zeitung »La Croix« an und biete einen Text zur Veröffentlichung an. Man erteilt mir sehr höflich eine Absage. Daraufhin schreibe ich einen Leserbrief an »Le Monde« und schicke der Presseagentur AFP eine Erklärung, in der es unter anderem heißt: »Die israelische Repression ist ein Trauerspiel und ein Skandal.« Dieser Satz wird am selben Abend noch wörtlich in den Fernsehnachrichten zitiert.

Nicht lange danach, Anfang Januar 1988, bittet mich Ibrahim Souss, der Vertreter der PLO in Frankreich, um ein Treffen in Évreux. Wir essen gemeinsam im Bischofshaus.

Ich habe in ihm einen höchst kultivierten Mann zu Gast, etwa zehn Jahre jünger als ich, sympathisch und herzlich im Gespräch. Er kennt sich in der Literatur aus, ist selbst Schriftsteller und Dichter und ist als Pianist und Preisträger des Konservatoriums ein großer Musikliebhaber. Der Kontakt ist ungezwungen. Später erfahre ich, daß er Christ ist: In seinem Büro in Paris hängt ein Photo von der Audienz Yassir Arafats bei Papst Johannes Paul II. Eine Freundschaft beginnt. Zwei Wochen später kommt Ibrahim Souss wieder zu mir: »Ich hätte da zwei Vorschläge für Sie«, sagt er. »Zum einen haben wir vor, Hilfsmaterial und dringend benötigte Medikamente in die besetzten Gebiete zu schicken. Die Aktion könnte unter dem Namen ›Ein Schiff für Gaza‹ laufen. Wie wäre es, wenn Sie im Komitee dafür den Vorsitz übernehmen würden? Zweitens denken wir an eine Art ökumenische Aktion: ›Ein Schiff für den Frieden‹. Das Schiff soll von Athen aus in Richtung Israel fahren und dort mit Abstand von der Küste kreuzen. An Bord sollen sich Vertreter aus ganz Europa, Exilpalästinenser, Juden, Katholiken, Protestanten, Orthodoxe befinden..., alle Menschen guten Willens. Das Ganze hat Symbolcharakter. Wir wollen die internationale Öffentlichkeit aufmerksam machen.«

In der folgenden Woche teile ich ihm mein Einverständnis mit. Wir treffen uns in großer Zahl in Athen. Ich lerne ungefähr hundertdreißig Exilpalästinenser kennen. Im Laufe der kommenden Tage hörte ich von diesen Männern viel über die Stationen ihrer tragischen Geschichte: Gefängnis, Repressalien, Folter, Exil. Die stärksten Eindrücke meines Athenaufenthaltes erlebte ich in meinen Begegnungen mit ihnen.

Bei den Palästinensern waren auch Israelis und Diasporajuden, unter ihnen eine Frau, die selbst noch am Exodus teilgenommen hatte. Welch ein Symbol, Palästinenser und Israelis hier vereint zu sehen! Ihre Gegenwart erinnerte daran, daß die Schicksale beider Völker untrennbar miteinander verbunden sind und daß jedes von ihnen Recht auf ein Vaterland hat.

An die hundertfünfzig Journalisten von Rundfunk und Presse geben dem Unternehmen eine internationale Dimension. Aber die Zeit vergeht. Wir hoffen, daß man uns bald zum Hafen bringt. Die Abfahrt wird immer wieder verschoben. Wegen Drohungen kündigt der Schiffseigentümer in allerletzter Sekunde den Chartervertrag. Die Palästinenser suchen nach einer Ersatzlösung. Wieder folgen fünf, sechs Tage des Wartens. Die PLO hat sich inzwischen selbst ein Schiff besorgt und bereitet es vor, aber am Vorabend der Abreise wird es auf Grund gesetzt und drei junge Palästinenser verlieren bei diesem Attentat ihr Leben. Die Expedition wird abgesagt.

Das Schiff für den Frieden konnte nicht ablegen. Wie soll man sich darüber wundern? Der Frieden ist oft unbequem. Er ist denen unerträglich, die sich auf eine andere Logik eingelassen haben, auf den Weg der Gewalt. Der Friede wird auch ohne Schiff seinen Weg weitergehen. Die Aktion hat die öffentliche Meinung stärker sensibilisiert und Gewissen geweckt. Wer könnte die Geschichte eines Volkes aufhalten?

Das »Schiff für den Frieden« ließ freilich auch in der Diözese von Évreux und weit über sie hinaus die Wellen hochschlagen. Christen hatten das Gefühl, ich lasse sie

im Stich. »Der Bischof ist schließlich für die Christen
da.« Andere zeigten sich schockiert: »Was hat er jetzt
auf diesem Dampfer wieder verloren?« Als ich gerade
aus Athen wieder zurück war, feierte ich eine Samstagabendmesse in einem Dorf. Die Kirche war voll, und der
Empfang schien herzlich. Ich erfuhr dann allerdings
auch, daß manche Leute eine andere Messe vorgezogen
hatten, um nicht einem Bischof zu begegnen, »der mit
den Palästinensern unter einer Decke steckt«.
Wie sollte ich deutlich machen, daß der »Dienst an den
Fronten« nicht dem Dienst widerspricht, den ich auch
sonst mitten in der Gemeinde der Glaubenden ausübe?
Die Menschenrechte sind unteilbar, und die Solidarität
kennt keine Grenze. Das Evangelium treibt uns an andere Ufer. Liegt nicht gerade eine notwendige Spannung
darin, daß man auf vorgeschobene Posten gestellt ist
und zugleich auch mitten in die christliche Gemeinde
hinein?
Israel muß ein Vaterland haben; und Palästina ebenfalls: beide haben ein Recht darauf. Ich plädiere für den
Dialog, für die Begegnung zwischen beiden Völkern, für
die wechselseitige Abgrenzung ihrer jeweiligen Gebiete.
Sie sind zur Verständigung verurteilt.
Im Zug der internationalen Entwicklung zur Anerkennung eines palästinensischen Staates, wie sie insbesondere durch die »Revolution der Steine« [die Intifada] in
Gang gekommen ist, haben meine Gegner inzwischen
den Tonfall gedämpft. Mir wäre freilich lieber, die Katholiken, die Israel besuchen, würden sich selbst an Ort
und Stelle überzeugen. Sie sollten es nicht beim Besuch
eines Kibbuz belassen, sie sollten nicht nur alte Ge-
mäuer bestaunen, sondern auch den Mut haben, die aus-
getretenen Wege der Pilgerfahrten zu verlassen.
Schon Papst Paul VI. hatte Yassir Arafat empfangen.
Kürzlich hat Johannes Paul II. es ebenfalls getan und ihn
sogar als Staatschef begrüßt. Ich freue mich über solche

Festigkeit und Kontinuität. Johannes Paul II. ist auch nicht nach Israel gereist. Der sonst so viele Reisen in alle Welt unternimmt, fährt nicht ins Heilige Land. Für den Vatikan setzt die Anerkennung des Staates Israel die eines palästinensischen Staates voraus. Wie es scheint, wird diese Haltung merkwürdigerweise im französischen Episkopat kaum geteilt. Manchmal hätte ich Lust, die Bischöfe daran zu erinnern, sie könnten wenigstens so denken wie der Papst.

In einem Brief aus Tel Aviv schreibt mir ein Israeli: »Wir sind leider eine bescheidene und stille Minderheit in einem Land, das sich dem Frieden, der Gleichheit und Brüderlichkeit zwischen zwei Völkern immer mehr widersetzt... Für uns ist es doppelt schmerzlich, gestehen zu müssen, daß wir Israelis, deren Vorfahren so sehr Opfer von Verfolgung und Rassendiskriminierung waren, aus der ganzen langen Geschichte in der Diaspora und aus dem Holocaust nichts gelernt haben und daß wir drauf und dran sind, zu ebensolchen rassendiskriminierenden und repressiven Methoden zu greifen.« Dieser jüdische Bruder ist ein Friedensstifter.

Im Juni 1988 treffe ich Ibrahim Souss in Paris. Er lädt mich nach Tunis ein zur Gedenkfeier aus Anlaß des Todes von Abu Dschihad, dem zweiten Mann der PLO, der vierzig Tage zuvor ermordet worden war. Ich fliege zu einer Kurzreise in den Maghreb. Die Feier findet im Kongreßpalast in Anwesenheit des tunesischen Präsidenten, Yassir Arafats und zahlreicher Vertreter aus der arabischen Welt statt. Die Reden werden in arabischer Sprache gehalten. Ibrahim Souss sitzt neben mir und übersetzt.

Am Abend fahren wir schnell noch mit dem Auto in einen Vorort von Tunis, um Arafat in einer streng bewachten Villa zu treffen. Der PLO-Chef empfängt privat einige Journalisten und Freunde. Die Atmosphäre ist sehr herzlich, man unterhält sich auf englisch. Mit

Freude treffe ich verschiedene PLOVerantwortliche wieder, die ich aus Athen bereits kenne. Bis spät in die Nacht spricht Arafat mit uns und antwortet temperamentvoll auf unsere Fragen. Mit dem jovialen, zuversichtlichen Gesichtsausdruck eines echten Haudegens verkörpert er ganz den orientalischen Anführer: in der Magie seiner Worte, in seiner Gestik... Dieser Mann ist das Symbol für den Kampf seines Volkes und dessen Durst nach Unabhängigkeit. Er hat mir eigens gedankt und mir versichert, mein Wort habe als Wort eines katholischen Bischofs in seinem Volk tiefes Echo gefunden.

Ich will nicht am Ufer stehenbleiben. Die Handlungen eines Bischofs im Dienst an der Sache der Gerechtigkeit und des Friedens haben auch ihre politische Dimension; sie betreffen das Leben in der Gesellschaft und im Gemeinwesen. Ich meine freilich nicht, die Kirche solle sich am politischen Tagesstreit beteiligen. Als Bischöfe oder Priester tragen wir eine pastorale Verantwortung, die mit Parteibindung nicht zu vereinbaren ist.

Noch im selben Monat, Juni 1988, erhalte ich die Einladung, an einem Abrüstungskongreß der UNO teilzunehmen. Da bin ich nun mit etwa zwanzig anderen Franzosen in New York. Für mich ist es höchst eindrucksvoll, die Vertreter aus rund hundertsechzig Ländern im großen Sitzungssaal zu erleben. Auf ihnen liegt ein Teil der Verantwortung für Frieden und Abrüstung. An einer Außenwand stehen die Worte des Propheten Jesaja als Inschrift: »Dann schmieden sie Pflugscharen aus ihren Schwertern und Winzermesser aus ihren Lanzen. Man zieht nicht mehr das Schwert, Volk gegen Volk, und übt nicht mehr für den Krieg« (Jes 2,4).

Der Friede ist aber nicht allein Sache der Experten und Mächtigen dieser Welt: er gehört auch den Menschen auf der Straße. Daher findet in den Straßen mitten in New York ein eindrucksvoller Demonstrationszug statt, der seine Stimme für die Abrüstung laut zu Gehör bringt. Viele Teilnehmer kommen aus Japan. Das Gewicht der öffentlichen Meinung ist unverzichtbar, denn ein echter Abrüstungsprozeß kommt nur in Gang, wenn sich die Völker selbst daran beteiligen. Ich freue mich, daß im bunten, volksfestartigen Gedränge des Zugs auch viele amerikanische Ordensschwestern mit dabei sind. In einer protestantischen Kirche fand danach ein Wortgottesdienst statt. Alle großen Religionen waren im je eigenen Ritus am Gebet beteiligt: Buddhisten, Shintoisten, Juden, Moslems, Protestanten, Katholiken... Die dreistündige Friedensfeier wurde zum großen Erlebnis. Auch die französischen Freunde, die sonst nie einen Fuß in eine Kirche setzten, waren bewegt von Art und Inhalt dieses Betens in der Vielfalt der Sprachen, Kulturen und Riten. Daran zeigt sich auch das moralische Gewicht, das die Kirchen gewinnen können, wenn sie laut und deutlich sagen, daß die Sicherheit der Völker nicht im Anhäufen und Perfektionieren von Waffen zu finden ist. Gerechtigkeit, nicht Sicherheit schafft Frieden. Der Friede kann nicht aus der Angst entstehen. Friede ist Sache auch jedes einzelnen.

Wie weit darf man gehen, wann geht man zu weit? Oft frage ich mich am Vorabend einer Äußerung: Gerate ich hier nicht auf gefährliches Terrain? Andererseits kann der unmöglich stumm bleiben, der mit Christus auf dem Weg ist, oder darf man Unrecht stillschweigend mit ansehen? Darf man sich so ein gutes Gewissen verschaffen und dabei hoffen, man könne mit Vorsicht Ärger vermeiden? Auch Schweigen ist eine Art, Stellung zu beziehen. Es erspart einem, das zu tun, was zu tun ist. Es ist die Sünde des Unterlassens.

6. An den Rändern

Paul war Alkoholiker. Er hat es geschafft. Jetzt ist er ein neuer Mensch und versucht, andern mit seiner Erfahrung zu helfen. Ich kenne ihn nur wenig, aber ich schätze seinen Mut.

Vor kurzem hat er an einem Preisausschreiben teilgenommen: die lokale Presse prämierte das gelungenste Tortengebäck, und Paul gewann ein Abendessen für zwei Personen in einem guten Restaurant. Eine schwierige Situation für ihn. Seine Frau ist krank und kann das Haus nicht verlassen, Freunde hat er kaum. »Warum nicht der Bischof?« fragt er sich. Er redet mit einer Ordensschwester, die er kennt. Sie ruft im Bischofshaus an. Meine Sekretärin kommt zu mir: »Es ist Paul. Ich hab versucht, es ihm auszureden, aber er will Sie unbedingt ins Restaurant einladen!«

Ein ungewöhnlicher Abend. Paul hat schon vorher im Restaurant »La Gazette« der Chefin Bescheid gesagt: »Ich habe den Bischof als Gast. Halten Sie uns nur die Photographen vom Leib!« Da er selbst kein Auto hat, hole ich ihn ab. Er hat sich so fein gemacht, wie es eben geht, die Haare frisch geschnitten, dazu ein paar Tropfen Eau de Cologne. Wir kommen ins Restaurant, als es gerade öffnet. Der Saal ist noch leer. Der Kellner bietet uns einen Apéritif an. Paul lehnt ab: »Nein, lieber nicht.« Ich verzichte wie er und trinke Wasser. Wir essen zusammen, andere Gäste kommen, Paul strahlt. Mein Gott, habe ich ihm an diesem Abend Freude gemacht!

Einsamkeiten aufbrechen, bereit sein für Begegnungen, sich auf das Unvorhergesehene einlassen... Einmal wollte ich eine fast erblindete Frau anrufen. Ich habe mich verwählt, und nun ist eine männliche Stimme am anderen Ende der Leitung. Ich bemerke meinen Fehler und entschuldige mich, aber der Unbekannte nutzt gleich die Gelegenheit: »Legen Sie bitte nicht auf. Das ist ja interessant, einmal mit dem Bischof von Évreux zu sprechen. Meine Frau und ich hatten schon immer vor, Sie einmal kennenzulernen. Wir sind zwar nicht gläubig, aber wir würden uns gerne einmal einen Abend mit Ihnen unterhalten. Darf man Sie einladen?« Die Vorsehung weiß auch Zufälle zu nutzen: Wir holen also unsere Terminkalender heraus.

Claude holt mich mit dem Wagen ab, damit ich mich in seiner Siedlung nicht in den großen Wohnblocks verlaufe. Er hat lange Haare und amüsiert sich noch über die Art, wie die Einladung zustande gekommen ist. Ein befreundes Ehepaar ist auch mit dabei. Claude ist Feuerwehrmann und erzählt: »Wir haben uns schon einmal getroffen. An einer Kreuzung am Stadtrand, bei einem Unfall. Sie kamen gerade vorbei und haben mir geholfen, den Verletzten hochzuheben. Ich hatte Sie damals gleich erkannt und mir gesagt: Wenn der Verletzte unterwegs ist, nutze ich die Gelegenheit, mal mit dem Bischof zu reden. Wir hatten ja beide etwas zusammen getan, waren also gleich und gleich, da konnte man auch mal miteinander reden. Aber ich war enttäuscht, weil Sie mit Ihrem Auto gleich weitergefahren sind. Schade, dachte ich, die Gelegenheit kommt so schnell nicht wieder. Auch wenn Sie mir in der Stadt über den Weg gelaufen wären, hätte ich Sie nicht so einfach anreden können. Es ist gar nicht so leicht, mit dem Bischof Kontakt zu kriegen, wenn man nicht bei der Kirche ist. Aber heute abend wollen wir das mal richtig ausnutzen.«

Die Unterhaltung kommt in Gang. Beide Paare wissen schon, wo sie hinaus wollen: »Wir kennen Ihre Stellungnahmen. Wir sind da sehr mit Ihnen einverstanden. Wir glauben selbst nicht und gehen auch nicht in die Kirche,

aber wir wüßten doch mal gern, warum Sie das alles machen. Wir können uns schon vorstellen, daß es Ihnen
nicht um Politik oder um Geld geht. Die Christen wissen
sicher, warum Sie so handeln, aber wir nicht. Was für eine
Botschaft vertreten Sie da eigentlich?«
Und so werde ich an diesem Tisch dazu herausgefordert,
von der Botschaft der Befreiung zu sprechen, die mich
erfüllt. Sie steckt in den Worten Christi: »Ich bin der
Weg, die Wahrheit und das Leben.« Ich kann bezeugen,
daß man niemals ein Wort des Evangeliums in die Tat
umsetzt, ohne daß dabei das Beste in uns mit zum Vor-
schein kommt. Ich habe so schon wahre Auferstehungen
miterlebt. Ich kann bestätigen, daß die Worte: »Steh auf
und geh!« tatsächlich wirken: Da bekommt ein Drogen-
süchtiger wieder Freude am Leben, da akzeptiert ein Alkoholiker Hilfe von außen und wird ein neuer Mensch,
da fängt ein Strafentlassener wieder von vorn an. Und
dieses Gehen läßt auch das Feuer in mir selbst neu auf-
flammen. Die Begegnung mit den Armen vergrößert
meine Freude am Leben.
Als ich von diesem Abendessen nach Hause komme,
denke ich: Da lebt ein ganzes Volk an den Rändern der
Kirche und nimmt das Wort auf. Und vielen in der Kirche
fällt es schwer, es aufzunehmen.
Ich brauche neue Paßfotos und gehe in die Stadt zum Au-
tomaten. Ich habe gerade meine Bilder in der Tasche, da
sehe ich, daß ein Mann auf dem Bürgersteig gestürzt ist
und allein nicht wieder hochkommt. Er ist schon etwas
älter, hat eine Beinprothese und ist Algerier, vielleicht
ein ehemaliger Harki [Algerier im französischen Militär-
dienst]. Er riecht nach Rotwein. Es wird langsam dunkel,
und es ist kalt. Ich weiß nicht, wo ich ihn hinbringen soll
und schlage vor, ihn zu einer Unterkunft zu begleiten, wo
man auch schon mal übernachten kann. Es ist aber ziemlich weit bis dahin. Der gute Mann hat alle Mühe, sich
auf den Beinen zu halten und einen Fuß vor den anderen

zu setzen. Ich helfe, so gut ich kann, aber was ich kann, ist nicht eben viel. Wir kommen nur mühsam taumelnd voran, und als Gespann bieten wir sicherlich ein seltsames Schauspiel mitten in der Stadt. Autos fahren langsamer, um etwas davon mitzubekommen. Leute bleiben stehen und beobachten etwas besorgt, wie der Bischof wohl mit der Situation fertig werden mag. Schließlich hält ein Lastwagen mitten auf der Straße an. Der Fahrer steigt aus und meint: »Das schaffen Sie nie, Herr Bischof. Kann ich vielleicht helfen?«

Er nimmt uns beide mit in seinen Wagen. Die Unterkunft ist total überfüllt. Wir fahren weiter zum Polizeirevier, denn dort kann man auch für eine Nacht bleiben. Der unbekannte Fahrer besteht anschließend darauf, mich zum Bischofshaus zurückzubringen. »Sie werden mich wohl nicht kennen. Ich geh nämlich nicht in die Kirche. Ich weiß übrigens, daß man Sie in manchen Kreisen stark kritisiert. Denen, die so reden, werde ich erzählen, was Sie heute abend getan haben, verlassen Sie sich drauf.«

Der Wagen hält vor dem Bischofshaus. »Darf ich Sie Jacques nennen?« Ich sage ja, bin aber überrascht, daß er meinen Vornamen kennt. »Und wie soll ich Sie nennen?« »Sagen Sie Jean-Pierre.« Ich bedanke mich bei Jean-Pierre, dessen Familiennamen ich bis heute nicht kenne.

Ich bekomme einen Brief von Sylvie und Fabien: »Wir sind ein junges Paar, fünfundzwanzig und dreiundzwanzig Jahre alt, und wir wollen heiraten. Wir haben uns gefragt: Wozu eine kirchliche Trauung, wenn wir uns in der heutigen Kirche nicht zu Hause fühlen? Wir sind mehr für eine zivile Trauung. Nun haben wir aber gelesen und gehört, was Sie sagen, und fühlen uns den neuen und positiven Ideen, die Sie vortragen, sehr viel näher. Wir wären glücklich und würden uns geehrt fühlen, wenn Sie bereit wären, unsere Ehe zu segnen... Wie immer sie sich entscheiden, wir möchten Ihnen Mut machen, Ihre Sache weiterzuführen. Eine Antwort von Ihnen würde uns auch in unserem Kampf bestärken, den wir auf unserer bescheidenen Ebene führen, um die Dinge zu bessern.«

Sylvie und Fabien arbeiten beide in Paris, wohnen in einem Zimmer im fünften Stock, und das Wochenende verbringen sie in der Pariser Umgebung.

Sie haben kaum Verbindung zur Kirche und auch keinen Kontakt zu einem Priester. Als ich einmal in Paris bin, laden sie mich abends ins Restaurant ein. Dazu noch am Valentinstag! Das Restaurant ist voll besetzt, aber ein Tisch für fünf Personen wird gerade frei. Ein anderes junges Paar setzt sich noch mit zu uns. Wir lernen uns schnell kennen: Sie wollen eigentlich auch gern kirchlich heiraten, aber da sie überhaupt keinen Priester kennen, sind sie noch auf der Suche nach jemand, der auf sie eingeht. Zwei erste Versuche waren danebengegangen.

Mich überrascht die ungeschminkte Art zu reden und das Zutrauen. »Wir kennen Sie und teilen auch Ihre Ideen. Bei Ihnen haben wir keine Komplexe. Aber stellen Sie sich vor, wie schwierig es ist, vor einem Unbekannten Dinge aus dem Privatleben zu erzählen.«

Wir sind als Freunde auseinandergegangen. Im Restaurant waren wir längst die letzten Gäste. Ich werde der Ehe von Sylvie und Fabien den Segen spenden. So geschieht der Aufbau der Kirche immer auch da, wo man mit Geduld an den Kreuzungen unerforschter Wege Menschen begegnet.

Spät abends noch erhalte ich einen Anruf aus Südfrankreich von Raschida, einer etwa zwanzigjährigen Frau aus einer moslemischen Familie. »Kannst du dich an mich erinnern? Ich habe dir zum Jahresanfang geschrieben.«

Wie sollte ich mich nicht an Raschida erinnern! Sie ist engagiert mit dabei an der Spitze der Bewegung SOS-Rassismus im Kampf für die Menschenrechte. Sie verteidgt ihre Position sehr nachdrücklich auch in der eigenen Familie. »Marc und ich möchten im Sommer heiraten – du kennst ihn von der Radiosendung her. Für meine Mutter ist das etwas problematisch, weil ich keinen Moslem heirate. Aber mein Bruder und die anderen können mich gut verstehen.«

Mir hatte immer die Art und Weise imponiert, wie sich Raschida in ihre gesellschaftliche Umwelt integrierte. Ihre Toleranz und ihre Achtung vor den Mitmenschen vermitteln eine Vorstellung davon, was sich die verschiedenen Kulturen gegenseitig zu bieten hätten, wenn sie lernten, miteinander zu leben.

»Jacques, ich möchte so gern, daß du bei unserer Hochzeit im Sommer dabei bist, und Marc möchte es auch.«

Es ist schwer, Raschida zu widerstehen...

Ein Paar lädt mich zum Essen ein. Er sagt mir von vornherein, daß er früher bei den Weißen Vätern war und daß er mehrere Jahre in Afrika verbracht hat. Noch ein zweites befreundetes Paar ist am gleichen Abend mit eingeladen. Er war Kapuziner und war in verschiedenen Ämtern tätig, ehe er heiratete.

Beide haben an der Kirche gelitten. Zu viele Ereignisse haben sie gezeichnet. Sie sind froh, daß ich da bin und ihnen zuhöre – eine Gelegenheit, ihre Geschichte mit allen Licht- und Schattenseiten neu zu erzählen. Sie fühlen sich im Abseits dieser Kirche, der sie lange Zeit von Herzen gedient haben und der sie trotz allem verbunden bleiben.

Unser Kapuzinerfreund etwa hat nicht vergessen, daß er jetzt vor bald fünfzig Jahren zum Priester geweiht worden ist. Der Jahrestag ist in Kürze. Er bittet mich sozusagen um einen Gefallen zu seiner »Goldenen Hochzeit«: »Ich möchte gern, daß Sie mit dabei sind.« Seine Frau nickt und drängt mich diskret, ja zu sagen. Einverstanden, ich werde mir die Zeit nehmen, mich mit ihnen zu freuen.

Solidarität ist den Christen nicht ins Belieben gestellt.

Institutionen sind neu entstanden, um auf neue und immer größere Herausforderungen Antworten zu finden. Einrichtungen, die anfangs vom Secours catholique – der Organisation, die etwa dem Caritasverband entspricht – und anderen Organisationen initiiert wurden, haben sich im weiteren verselbständigt und sind inzwischen autonom. Ich denke etwa an die »Essensbank«, die seit 1985 in einem Teil der Kirche Sainte-Thérèse in Évreux existiert. Diese Kirche wurde nie fertiggestellt und der Innenraum läßt sich kaum heizen; sie steht für insgesamt sechs Organisationen zur Verfügung. Jede Woche werden hier drei Tonnen Lebensmittel an weitere Stellen verteilt, die dann für eine möglichst gerechte Ausgabe sorgen. Hier ist ständig was los.

Ein anderes Projekt ist die Begegnungsstätte »Myosotis« (Vergißmeinnicht) für die Familien von Strafgefangenen. Bis dahin mußten Angehörige mit Besuchserlaubnis immer sehr lange vor dem großen Portal der Strafanstalt warten, und das bei jedem Wetter. Sie trauten sich kaum, miteinander zu reden und fühlten sich unwohl dabei, vor jedermann in der Warteschlange zu stehen.

Diese Familien finden jetzt Aufnahme in einem hellen, freundlichen und ruhigen Haus direkt gegenüber vom Gefängnis. Sie können sich bei einer Tasse Kaffee oder Kakao gegenseitig Mut machen. Vor allem wissen sie, daß sie immer jemand anhört, versteht, respektiert von den ehrenamtlichen Helfern, die zwei oder vier Stunden ihrer Freizeit dafür aufbringen. Auch die Kinder werden dabei nicht vergessen: Für sie gibt es ein eigenes Zimmer mit Büchern, Spielsachen und Tafel, damit ihnen die Zeit nicht so lang wird.

Wenn man Familien von Strafgegangenen so aufnimmt, versteht man besser das Leid der Mutter, die ihren Sohn besucht, der wegen Drogenmißbrauch einsitzt; den Kummer des Vaters, der das Verhalten seines Kindes nicht begreifen will; die Sorgen der Frau, die Angst vor

der Rückkehr ihres Mannes in die Familie hat, weil seine
Kinder ihn inzwischen nicht mehr akzeptieren. Mehr als
früher wollen die Christen heute offen sein für die Welt
und aufmerksam für die gesellschaftlichen Probleme.
Man darf ruhig sagen, sie »zeigen sich solidarisch«. Die
Option für die Armen, die unsere lateinamerikanischen
Brüder uns mit soviel Treue vorleben, ist für uns ein Anruf. Wir kennen die Industriezweige, die besonders stark
von Arbeitslosigkeit und Wirtschaftskrisen betroffen
sind. Ganze Familien geraten gegenwärtig in schwere Bedrängnis. Menschen werden abgeschoben, bei Versetzungen bleiben immer mehr am Weg zurück. Viele Christen
wollen aber auch den Blick haben, um Menschen aufzunehmen und sozial neu zu integrieren, die unter die Rä-
der gekommen sind.
Dieses Leben nach dem Evangelium konkretisiert sich
oftmals im Engagement der Glaubenden in zahlreichen
gewerkschaftlichen, politischen und gesellschaftlichen
Vereinigungen, wo sie mit anderen Frauen und Männern
zusammenarbeiten, die nicht vom selben Glauben bewegt sind, mit »Ungläubigen«, die an den Menschen
glauben. Darin liegt die Herausforderung, die uns unsere
säkularisierte oder, wie man heute sagt, »postchristli-
che« Gesellschaft zumutet. Wir sind aufgefordert, manche Formen konfessioneller Organisation hinter uns zu
lassen, um eine solche Öffnung, ein solches Bündnis zu
riskieren.
Daraus ergibt sich für die christlichen Gemeinden ein
sehr hoher Anspruch. Sie können nicht einfach bleiben,
was sie traditionell immer gewesen sind. Sie müssen sich
von innen heraus erneuern, um wieder lebendige Orte zu
werden, wo Austausch und Auseinandersetzung möglich sind; Orte des Nachdenkens im Licht des Wortes des
Evangeliums, wo man Abstand gewinnen kann von allem Engagement in der Welt; Orte des Betens, wo man
gemeinsam wieder Mut zum Leben und Handeln findet.

In den letzten Jahren hat man sogenannte »Zwischenlö-
sungsinitiativen« gegründet, um den ärmsten Arbeitslosen die Möglichkeit zu bieten, wenigstens so viele
Stunden zu arbeiten, daß sie für den eigenen Lebensunterhalt und den ihrer Familie sorgen können. Die Idee
ist folgende: Man stellt einem besonders bedürftigen
Arbeitslosen, der keine Ansprüche auf Arbeitslosengeld
hat, sechs Monate lang eine Halbzeitstelle in einer der
»Mitgliedsfamilien« der Initiative bereit, damit er aus
dem Kreislauf der Sozialhilfe herauskommt, damit er
sich wieder an regelmäßige Arbeitszeiten gewöhnt und
damit er ein gewisses Einkommen und sozialen Schutz
erhält. Die Familien werden selbst ganz konkret aktiv,
indem sie ihre tägliche Arbeit teilen, indem sie die Probleme der Arbeitssuchenden hautnah kennenlernen
und diese bei der Wiedereingliederung ins Berufsleben
begleiten. Die Aufgaben werden im vorliegenden Fall
von der Pfarrei verteilt, und etwa zehn Familien haben
sich zusammengetan, um dieses Experiment durchzuführen.

Eine weitere originelle Initiative ist in Évreux in einem
»Netzwerk auf Gegenseitigkeit« entstanden. Es geht
darum, Wissen und Können miteinander zu teilen: Ich
weiß etwas, ich weiß, wie man etwas macht, und ich
bin bereit, dies mit anderen zu teilen. Und weil ich meinerseits Lust habe, etwas zu lernen, was ich noch nicht
kann, trage ich meinen entsprechenden Wunsch vor.
Jede Art von Wissen kann man so mit anderen tau-
schen: der Bereich von Angebot und Nachfrage ist unbegrenzt. Die Organisation übernimmt dabei die Aufgabe,
Verbindungen herzustellen. Der Modus ist flexibel: je
nach Absprache der Beteiligten findet der Austausch in
den Vereinsräumen oder auch in der Wohnung des einen
oder anderen Beteiligten statt. So bringt Maria dem Xa-
vier das Notenlesen bei, während dieser Sylvie seine
Englischkenntnisse vermittelt. Anne-Marie verhilft Fa-

tima zu besserem Französisch und wird von ihr dafür in die Geheimnisse des Pfefferminztees eingeweiht.

Jean-Michel sagt mir, daß er gern Diakon werden möchte. »Du weißt aber, daß die Kandidaten für den Diakonat normalerweise erst die Schule der pastoralen Dienste besuchen und eine zweijährige Ausbildung mitmachen, die mehrere Wochenenden im Jahr in Anspruch nimmt.« »In Ordnung«, sagt Jean-Michel, »ich werde mich anmelden.« Seine glatte Antwort macht nun allerdings die Aufgabe der Ausbilder nicht einfacher. Wie soll man jemandem eine Ausbildung vermitteln, der nie studiert hat, der sich während der Vorlesung keine Notizen machen oder aus einem Buch selbst etwas erarbeiten kann? Gewöhnlich haben wir es in unseren Kursen ja nicht mit kulturell Benachteiligten zu tun.

Jean-Michel in die Schule aufnehmen heißt alles neu überdenken, von der Équipe der Animateure bis zu den Teilnehmern, von den Inhalten bis zur Methodik. Jean-Michel aufnehmen heißt nämlich vor allem auch, seine eigene Lebenserfahrung, sein Glaubensleben, seine Sprache, sein Milieu anerkennen.

Dank Jean-Michel wurde der Versuch abgeändert. Die Wette ging auf.

»Dem Fremden, der Witwe, dem Waisen einen Platz gewähren...« So wird die Gerechtigkeit in der Bibel definiert: Wir sollen den anderen, denen, die nichts mehr haben, einen Platz einräumen.

Oft werde ich auf kranke Menschen in Krankenhäusern aufmerksam gemacht, und ich bemühe mich, sie zu besuchen. Besonders achte ich darauf, Menschen in Altenheimen nicht zu vernachlässigen. Diese Häuser sind heute immer besser ausgestattet, komfortabler und moderner eingerichtet. Oft bleiben sie dennoch Wartezimmer des Todes und strahlen eine triste Atmosphäre aus. Die Vereinsamung der alten Menschen, die teils taub, teils gelähmt, teils geistig geschwächt sind, ist oft erschütternd. Ich frage die Pflegerinnen: »Bekommen die Leute noch Besuch?« Als Antwort höre ich: »Die Angehörigen lassen sich kaum blicken, außer um am Monatsende die Rente zu kassieren.« Die Schwestern fügen noch hinzu: »Die Familien finden dafür noch gute Gründe: Die Leute brauchten das Geld ja ohnehin nicht mehr. Oder: »Sie ist ja nicht mehr ganz bei Verstand.« Aber die alten Menschen, bei denen man abkassiert, merken durchaus, was los ist. Sie wissen sehr wohl, daß man wegen des Geldes zu ihnen kommt, aber der innerfamiliäre Diebstahl ist ihnen immer noch lieber als völliges Verlassensein.

Ein weiteres Unglück schlägt genauso grausam in unserer Gesellschaft zu und führt zu extremer Einsamkeit: Aids. Vor kurzem bat mich ein Gefängnisinsasse um ein Gespräch unter vier Augen. »Der Arzt hat mir gesagt, daß ich Aids habe«, sagt er mir, »ich bin fünfundzwanzig. Jetzt ist meine Zukunft ganz kaputt, und mir ist es egal, ob ich noch mal aus dem Gefängnis komme. Das ändert sowieso nichts mehr.« Unser Gespräch dauert nur ein paar Minuten. Er bedankt sich, daß ich ihm zugehört habe, ohne Fragen zu stellen: »Ich brauchte jemanden, dem ich das sagen konnte.« In einer anderen Zelle lebt ein Gefangener ständig mit einem Virusinfizierten zusammen und hat panische Angst, selbst angesteckt zu werden. Er wendet sich ebenfalls an mich: »Wenn ich aus Versehen seinen Rasierer benutze, kann es dann passieren? Oder wenn ich aus seinem Glas trinke?«

Die Zahl der »Marginalisierten« aller Art wird immer größer. Wir leben in einer Welt, in der manche zu viel sind. Schon in der Schule werden die vom Mißerfolg gezeichnet, die es nicht bis zum Abschluß schaffen. Der Vergleich mit den Aussätzigen im Evangelium ist frappierend: die Aussätzigen müssen mit ihren Schellen

Lärm machen: die Schellen treiben die Gesunden in die
Flucht und kennzeichnen zugleich die Geächteten.
Christus aber läßt sie an sich heran; er geht sogar auf sie
zu und heilt sie. Die Kirche kann nicht funktionieren,
wenn sie nicht zu den Armen geht und sie begleitet.

7. Sind Sie Republikaner?

»Sind Sie Republikaner?«
»Ja.«
»Ohne Einschränkungen?«
»Ohne jede Einschränkung.«
Ein Bischof muß auf seltsame Fragen gefaßt sein, auch wenn die Zweihundertjahrfeier der Revolution solche Neugier zum Teil erklären mag. Jedenfalls hat man mir unangemeldet solche Fragen vor dem Mikrophon eines Regionalsenders gestellt. Ich halte aber daran fest und bekenne mich in der Tat als Republikaner, überzeugt von der Notwendigkeit der Laizität [als Prinzip für ein Verhältnis zwischen Kirche und Staat, bei dem die Laien einen Vortritt haben]. Ich muß damit freilich in Kauf nehmen, daß man mich, besonders in den Kreisen, die weder die Revolution von 1789 noch die Trennung von Kirche und Staat des Jahres 1905 richtig verdaut haben, als das häßliche Entlein ansieht. Gleich nach meiner Bischofsweihe in Évreux hatte mich ein Normanne, der sich in den politischen Verhältnissen im Département bestens auskannte, schon vorsorglich gewarnt: »Die Kirche Ihrer Diözese hat die Revolution noch längst nicht akzeptiert. Sie ist immer noch in der Defensive und kann sich nicht gut mit den republikanischen Idealen von Freiheit und Demokratie anfreunden.« Mit diesen Leitideen, die ja schließlich auch Autonomie des Gewissens und des Rechts beinhalten, kann sich der Klerus schwer abfinden. Ähnlich wie possessive Eltern hatte die katholische Kirche das Gefühl, ihre Kinder zu verlieren. Das Ergebnis war, daß sich die aus dem Umbruch von 1789 entstandene Gesellschaft abseits der religiösen Sphären ausformte.

Für Historiker ist es ein klarer Sachverhalt, daß die Kirche vor allem in Europa – wobei freilich auch die übrigen Kirchen noch stark unter dem Einfluß der römischen Kirche stehen – die mit der Revolution aufgekommenen Werte nicht assimiliert hat. Sieht man von einigen Persönlichkeiten und Minderheitsströmungen ab, so stellt das ganze neunzehnte Jahrhundert eine lange Serie von Restaurationsbemühungen und Verurteilungen dar. Pius IX. hat im Jahr 1864 dieser Tendenz seinen Segen gegeben und ihr mit der Veröffentlichung des »*Syllabus*«, einem ganzen Katalog von Irrtümern der modernen Welt, eigenen Ausdruck verliehen. Hier ist der Dialog in der Beziehung zwischen Kirche und Welt gleichsam am Nullpunkt. Mit einem Strich wird da alles abgelehnt, was mehr oder weniger deutlich an Freiheit erinnert: der wirtschaftliche Liberalismus, die Religionsfreiheit, die Gewissens- und Meinungsfreiheit, die Autonomie des Menschen, der eigene Vernunftgebrauch. Demokratie steht da im Widerspruch zur göttlichen Verfaßtheit der Kirche, die nur monarchischer und hierarchischer Art sein kann. Der Rationalismus und alle Philosophien, die sich auf ihn berufen, erhalten eine Absage, vom Sozialismus ganz zu schweigen... Kurzum, all das, wovon unsere moderne Welt lebt, wird beargwöhnt und abgelehnt. Diese Geisteshaltung ist noch nicht ausgestorben, sie lebt weiter und belebt immer wieder bedeutsame Strömungen in den Kirchen. Bischof Lefebvre ist nur ein Erbe dieser alten Familie und dieser langen Tradition.

Zum Glück war das Evangelium zugleich immer auch im Herzen der einfachen Christen lebendig. Ich denke an die vielen Ordensgemeinschaften, die im neunzehnten Jahrhundert zur Hilfe und Erziehung für die Armen entstanden sind. Oder ich denke an die Missionsbewegung. Seit Ende des Jahrhunderts bis in unsere Tage haben sich auch stets Minderheiten herausgebildet: der soziale Katholizismus, Christen, die sich politisch engagierten, die eine »Action catholique« gründeten. Solche Strömungen, unterstützt jeweils von mutigen und weitblickenden Theologen, haben schließlich mit der Kraft des Heiligen Geistes auch die Einberufung und das Werk des Zweiten Vatikanums möglich gemacht. Dieses Konzil war die gottgewollte und offizielle Stunde der Versöhnung der katholischen Kirche mit der Welt. Vielleicht waren wir so naiv zu glauben, diese Versöhnung könne leicht, rasch und umfassend über die Bühne gehen. Tatsächlich aber waren die alten Dämonen der Kirche noch längst nicht gestorben. Heute durchleben wir schwierigere, weniger lichtvolle, aber keineswegs weniger hoffnungsvolle Stunden.

Die derzeitige Situation von Gesellschaft und Kirche in Frankreich wirft bedeutsame Fragen auf, die wir nicht länger ignorieren dürfen. Insbesondere stellt sich die Frage nach der »Laizität«. Die Kirche muß unbedingt zu einem neuen Selbstverständnis in bezug zur bürgerlichen Gesellschaft finden. Sie sollte endgültig darauf verzichten, in dieser Gesellschaft zu dominieren oder zu meinen, sie sei noch immer allein imstande, ihr die Wahrheit und die richtigen Handlungsweisen zu verkünden. Wir müssen lernen, uns an den Auseinandersetzungen dieser Gesellschaft über alle von ihr aufgeworfenen Fragen zu beteiligen, ob im Bereich der Ethik, des Schulwesens, der Kultur, der Wirtschaft, des Friedens und der Abrüstung oder beim Umweltschutz und bei der Bewahrung der Schöpfung. Wir sind aber nicht mehr die Alleininhaber der einzigen Lösung.

Ich wünschte mir, meine Kirche und ihre Verantwortlichen würden öfter und ernsthafter auf die großen Fragen eingehen, die die Frauen und Männer sich heute stellen und mit denen sie sich herumschlagen; ich wünschte, wir würden stärker im Geist des Evangeliums auf die Ereignisse reagieren und dabei alle Kreuzzugsmentalität und den Geist der Rückeroberung ablegen.

Wie steht es heute um echte Laizität? Wie können Christen persönlich oder in Gemeinschaft ein nützliches und
geschwisterliches Verhältnis zu einer säkularisierten
Gesellschaft finden? Wie können wir unseren Mitbür-
gern dabei helfen, mit den ethischen Problemen fertig zu
werden, die ihnen heute und künftig begegnen. Was beinhaltet Treue zum Evangelium über Gesetz und Laisser-
faire hinaus? Wie können wir den Fremden als Bruder
aufnehmen und einen Dialog fördern, der zu einer Begegnung der Kulturen und zur Integration der Rassen führen
kann?

Unsere modernen Gesellschaften werfen Fragen und Probleme auf, vor denen niemand mehr von sich behaupten
kann, er allein verfüge über die entsprechenden Antworten. Laizität beinhaltet ein Ja ohne Hintergedanken zu
Diskussion und Dialog-

Die katholische Kirche provoziert zur Zeit einen gewissen Antiklerikalismus in der Presse, weil sie den An-
schein erweckt, als wolle sie Gewissensdruck ausüben,
und eine solche Haltung erscheint heute unerträglich.
Eine religiöse Autorität hat nicht darüber zu entscheiden, welchen Film man sich ansehen oder welches Medi-
kament man einnehmen darf. Letzte Instanz der Sittlich-
keit ist das Gewissen.

»Die Laien mögen aber nicht meinen, ihre Seelsorger
seien immer in dem Grade kompetent, daß sie in jeder,
zuweilen auch schweren Frage, die gerade auftaucht,
eine konkrete Lösung schon fertig haben könnten oder
die Sendung dazu hätten« (GS 43). Dieser Konzilstext
trifft die Sache sehr gut. Die Katholiken sind ein Bestandteil im demokratischen Mosaik wie andere Religionen
und Denkrichtungen auch: Protestantismus, Judentum,
Freimaurertum... Als eine Geistesfamilie unter anderen
hat die römische Kirche allerdings durchaus ihre gewich-
tige Stimme: Nicht um Privilegien von gestern zurück-
zufordern, sondern um ihren Beitrag zu einer Diskussion

zu leisten, in die sie ihren ganz eigenen Standpunkt einbringen kann, der in einer langen Geschichte und in Traditionen verankert ist.

Ein solcher Geist regierte leider nicht, als in den Jahren
1982 bis 1984 die Debatte über das zweigleisige System
von öffentlichen und privaten Schulen in Frankreich neu
entbrannte. Man hat mir oft vorgeworfen, daß ich meine
Unterschrift unter einen Text gesetzt habe, der die öffentliche Schule unterstützte und der von Verantwortlichen einer Lehrergewerkschaft und Vertretern der so-
zialistischen und der kommunistischen Partei gemein-
schaftlich verfaßt war. Mir ging es einfach um ein Zeugnis. Meine Haltung folgte der Vernunft und setzte bei der
Frage an, die sich als erste stellte: Ist Gott in dieser Angelegenheit etwa ein Sektierer? Und ist der Katholizismus,
wie manche argumentierten, allein auf die sogenannten
freien Schulen festgelegt? Meines Erachtens ergab sich
aus dem Glauben an Christus weder ein Vorzug für die
eine noch für die andere der beiden Schulen. Mehr noch,
unser Auftrag schien mir dahin zu gehen, die Jugendlichen jeweils dort anzusprechen, wo sie sind. Nun besuchen aber mehr als 90 % aller Schüler öffentliche Schulen... Seit ich in der Diözese Évreux bin, haben mich die
sogenannten freien und katholischen Schulen niemals
zu sich eingeladen, während mir öffentliche Schulen die
Türen geöffnet haben, damit ich über die Menschenrechte reden konnte.

Die Affäre um den Mittwochskatechismus [hier ging es
um die Frage, ob am bisher schulfreien Mittwoch Unterricht stattfinden sollte: traditionell ist der Mittwoch
auch Tag der Katechese] ist in diesem Zusammenhang
ebenfalls aufschlußreich. Selbstverständlich sind davon
die Schulrhythmen betroffen, zugleich aber geht es auch
um einen kulturellen Zugang zu den Religionen, eine
Aufgabe, die man sorgfältig von katechetischer Unter-
weisung unterscheiden muß. Viele sind sich heute darin

einig, daß Religion als Grundelement mit zur kulturellen
Identität gehört. Da scheint der Anspruch legitim, sich
auch diese Dimension unserer Kultur anzueignen, hinrei-
chendes Wissen etwa um die Rolle und den Stellenwert
der Bibel in unserer Geschichte. Eine Einführung in diese
kulturelle Begegnung mit den Religionen ist Sache der
Schule. Die Katechese hingegen ist Einführung in den
Glauben und ins sakramentale Leben einer Gemeinde
und gehört in den Verantwortungsbereich der Kirchen. In
dieser Affäre um die Katechese darf kein Klima von Mißtrauen oder gegenseitigen Bekämpfens aufkommen. Freiheit bedarf auch ihrer Ausdrucksmittel, und die Freiheiten sind nicht voneinander zu trennen.

In einer demokratischen und pluralistischen Gesellschaft verliert die katholische Kirche an Macht. Unweigerlich. Sie wird zu einem partikularen Akteur. Sie bringt
ihre Stimme unter anderen Stimmen zu Gehör. Sie bildet
eine Geistesfamilie unter anderen. Das nationale Komitee für ethische Fragen ist ein gutes Beispiel für dieses
Konzert der Meinungen, für dieses konzertierte Handeln.
Ich wünschte, die Frauen und Männer von heute würden
die katholische Kirche nicht als einzige moralische Instanz betrachten, die den Anspruch erhebt, an alle adressiert zu sein. Die Einrichtung von Ethikkommissionen
ist ein neues Phänomen, über das man sich freuen sollte.
In so einem Kontext nimmt die katholische Kirche keine
Privilegien in Anspruch und übt keinen Druck aus. Sie
befreit sich von dem überschweren Joch, Autorität über
die gesamte Gesellschaft ausüben zu müssen. Sie ist
nicht mehr der »Leader«. Mit der Laizität strömt frische
Luft herein, die den verschiedenen Geistesfamilien und
Denkströmungen, die es heute gibt, Ausdrucksmöglich-
keiten gewähren muß. Ist das der Fall, dann kommt es
darauf an, daß die katholische Kirche ihre Stimme in die
Auseinandersetzungen der Gesellschaft auch einbringt:
das ist ein Dienst, den sie zu leisten hat.

Sehr beeindruckend und interessant waren für mich die
wichtigen Briefe, die von den Bischöfen der Vereinigten
Staaten in den vergangenen Jahren veröffentlicht wurden. Diese Dokumente zu Themen des Friedens und der
Wirtschaftsordnung haben auch in Frankreich und anderswo in Europa großes Echo gefunden. Dabei gefiel mir
besonders die Methode der Erarbeitung, die sehr umfassende Beratungsphase, die der Endredaktion vorausging.
Der Realismus und die kraftvollen Aussagen in den bischöflichen Worten von jenseits des Atlantiks können allen anderen Kirchen als gutes Beispiel dienen.
Seit einigen Jahren bemühen sich auch verschiedene
Kommissionen der französischen Bischofskonferenz,
Antworten auf die Fragen und Bedürfnisse der Frauen
und Männer unseres Landes zu geben. Mehrere Dokumente haben echte Auswirkungen gehabt auf die öffentliche Meinung und auf die christlichen Gemeinden. Von
diesen Kommissionen hat die Kommission für soziale
Fragen sicher die beste Arbeit geleistet, indem sie die Ursachen und Folgen der gegenwärtigen Wirtschaftskrise
analysierte, indem sie einige Schritte zur Lösung vor-
schlug, und ganz sicher indem sie die öffentliche Meinung aufrüttelte, die allzu bequem die Augen vor den Situationen der Ungerechtigkeit verschließt, die an jeder
Straßenecke zunehmen.
Interessierte Leser möchte ich hier besonders auf drei
dieser Texte aufmerksam machen: »Für eine neue Lebensweise« (1986), »Schaffen und teilen« (1988), »Treff-
punkte der Solidarität« (1988). Letzteres Dokument
wurde vom gesamten Episkopat erarbeitet.
Und dennoch bedaure ich, daß es uns nicht gelingt, in
unseren Aussagen noch realistischer und konkreter zu
werden. Die Erklärungen bleiben oft zu theoretisch. Ich
bedaure außerdem, daß sie nicht das Ergebnis ausführli-
cher Konsultationen mit vielen kompetenten Personen
sind, mit denen vor allem, die jeweils selbst am meisten

betroffen sind und die schließlich die Kosten der ökonomischen Krise zu zahlen haben. Man redet zuviel über
sie, ohne ihnen selbst das Wort zu erteilen – dieser
Schieflage entgeht auch der französische Episkopat
nicht.

Schließlich wäre mir lieb, man würde auch die einfachsten Gemeinden konsultieren und die Diskussion fände
auch auf deren Niveau statt. Vielleicht würden unsere
Worte damit in der Öffentlichkeit an Zuhörern und an
Wirkung gewinnen.

Die Art, wie sich die Medien einseitig ständig mit Themen befassen, die mir sekundär erscheinen, geht mir auf
die Nerven. Es scheint, als wolle man durch die Konzen-
tration aller Aufmerksamkeit auf die Sexualität den Katholizismus von einer seiner wesentlichen Rollen ablenken, nämlich von der Absage an die Ungerechtigkeit und
an die Macht des Geldes. Ich fand auch bedauerlich, daß
die Journalisten in der Fernsehsendung *Stunde der Wahrheit* im Dezember 1988 den Erzbischof von Lyon und
Vorsitzenden der Bischofskonferenz, Kardinal Decourtray, nur zu Themen des Privatlebens befragten. Es stellt
die Kirche in ein falsches Licht, wenn man sie einseitig
auf sexuelle Fragen hin polarisiert.

Man gerät hier auf die falschen Kampfplätze. Warum finden die Aussagen der Bischöfe zu sozialen Fragen nicht
größeres Echo? Im Jahr 1987 beispielsweise hat die Bi-
schofskommission für Fragen der Arbeitswelt einen Text
veröffentlicht, aus dem ich einige Stellen zitieren
möchte: »Soll es Menschen geben, die in den Bereichen
von Ernährung, Arbeit, sozialer Sicherheit, Ausbildung,
Staatszugehörigkeit, Zugang zum Leben den Interessen
der anderen geopfert werden? Wir dürfen uns nicht mit
einer Welt abfinden, deren Logik darin besteht, Beliebi-
ges zu produzieren, sofern es nur Geld einbringt, verkäuf-
lich ist und Macht verschafft; mit einer Welt, die mit fi-
nanziellem Erfolg die ökonomischen Schwachstellen

verschleiert; mit einer Welt, in der die nötigen Mühen und Opfer ungleich verteilt sind. Der Geist Christi wird uns nicht ruhen lassen, solange es Menschen gibt, die ausgestoßen und im Stich gelassen sind.« Dieser Text ist völlig unbeachtet geblieben.

Seit meiner Ankunft in Évreux haben sich einige Freimaurer bei mir vorgestellt, die auch im Leben unseres Départements eine nicht unerhebliche Rolle spielen. Kürzlich haben sie mich zu einer »Sitzung in Weiß« eingeladen, d. h. zu einem Vortrag mit anschließender Diskussion ausschließlich für Initiierte in der Loge des Großen Orients in Paris. Eine wirkliche Überraschung! Der Abend findet vor einem Publikum von etwa vierhundertfünfzig höchst aufmerksamen und interessierten Personen statt. Ich spreche vom Evangelium, von der Freiheit. Ein Funke springt über. Meine Zuhörer bestürmen mich mit Fragen zur Laizität, zur Toleranz, zur katholischen Kirche, zu ihrem Dogmatismus und ihrer Unnachgiebigkeit. Ein Teilnehmer fragt mich: »Können Sie mir einmal ganz offen sagen, ob ein Priester Freimaurer werden kann?« Ohne Zögern antworte ich: »Heute abend haben Sie in Ihrer Versammlung einen Priester.«

Die Begegnung hat manche Vorurteile beseitigt. Die Freimaurer sind übrigens keine mißtrauischen Leute. Sie haben einen Sinn für den Menschen. Ihr Vertrauen in den Geist der Wissenschaft, ihre Bindung an die Vernunft (als Gegensatz zum Obskurantismus) sind Errungenschaften der Revolution.

Es ist aber wichtig, daß wir zugleich auch die ebenfalls im Individuum wohnende geistliche Dimension lebendig halten. Jenseits des Rationalen, jenseits vom Erbe der Aufklärung bleibt das Mysterium Gottes und die ungestillte Sehnsucht nach der Wahrheit bestehen.

Die Friedens- und Abrüstungsdiskussion verschafft mir Gelegenheit zu vielen Begegnungen, bei denen sich die »Friedensstifter« sehr verschiedener Horizonte zusam-

menfinden. Ich denke etwa an die europäischen Bewegungen für nukleare Abrüstung, die 1986 ihr fünftes Treffen in Évry veranstalteten oder an die Versammlungen
der Friedensbewegung auf nationaler Ebene. Jedesmal
gibt man auch mir die Gelegenheit, ein Wort zu sagen.
Meine Aussagen stehen dabei unter vielen anderen Aussagen. So habe ich 1987 in Gennevilliers den Gedanken
vertreten, daß die Suche nach Geschwisterlichkeit zwischen den Völkern sehr wohl »von oben« ausgehen
könne, durch Verträge etwa wie das Helsinki-Abkom-
men oder durch Abrüstungsverhandlungen; sie kann
aber auch »von unten« kommen, indem man die Kontakte zwischen den Bürgern, die kulturelle Begegnung
und den Gedankenaustausch in Diskussionen über die
Grenzen hinweg fördert. Die Friedens- und Abrüstungs-
bewegungen werden für die öffentliche Meinung um so
glaubwürdiger, je mehr es ihnen gelingt, auch zwischen
Ost und West zusammenzuarbeiten. Ich sagte daher, daß
ich ein Hoffnungszeichen in der Entwicklung einer wirklichen Solidarität zwischen französischen und polni-
schen Kriegsdienstverweigerern erblicke oder auch in
der Teilnahme eines Christen aus der Diözese Évreux an
einer internationalen Tagung, die von der Bewegung
»Freiheit und Frieden« in Warschau veranstaltet wurde.
Und wie jedesmal habe ich darauf hingewiesen, wie
wichtig es ist, nach gewaltlosen Mitteln der Verteidigung
zu forschen. Es ist für ein Volk normal und legitim, daß es
sich die Mittel verschafft, um seine wesentlichen Werte,
seine Freiheit und Würde zu verteidigen. Wenn wir Abrüstung wollen, so ist dies nur dann verantwortlich und
realistisch möglich, wenn wir zugleich auch nichtmilitä-
rische Mittel suchen und vorschlagen können zur Verteidigung dessen, was verteidigenswert ist. Dieser Weg ist
noch neu und wenig erforscht. Meiner Meinung nach
bringt uns das Evangelium nicht eine Botschaft der Wi-
derstandslosigkeit, sondern der Gewaltlosigkeit. Es for-

dert uns auf, uns auszudenken, wie man Konflikte aus-
tragen könnte, ohne dabei aufzuhören, den Gegner weiter zu respektieren. Die Art und Weise, wie es das phi-
lippinische Volk im Februar 1986 geschafft hat, das Re-
gime des Präsidenten Marcos abzulösen, ist in meinen
Augen ein gutes Beispiel für den Kampf um wahren Frieden auf gewaltlosen Wegen.

Alle Friedensbeschwörung ist im übrigen unnütz, wenn
sie sich nicht umsetzt in konrekten Einsatz, wenn man
nicht alle Risiken, Debatten und Widerstände in Kauf
nimmt, die ein solches Engagement auslöst. Arbeit für
den Frieden ist nicht der geeignete Weg, um »seinen Frieden zu haben«.

In einer laikalen, demokratischen und pluralistischen
Gesellschaft, so sagte ich schon, muß die Kirche darauf
verzichten, die Rolle eines »Leaders« zu spielen. Sie muß
ihre Stellung zu den verschiedenen sonstigen Partnern
neu bestimmen. Ich sehe darin eine heilsame Herausforderung. Aber so ganz einfach ist das sicher nicht.

Seit einigen Jahren haben die französischen Bischöfe gemeinsam sehr stark betont, die Kirche müsse wieder zu
einer klareren Identität finden, damit sich die Christen
in einer größeren Einheit erkennen und erleben können.
Nun hat die Kirche Frankreichs zweifellos eine Phase
der Zerreißproben durchgemacht, und es berufen sich
Christen auf sie, die auf sehr unterschiedliche Optionen
festgelegt sind. Sie mußte viel Zeit und Energie für den
Versuch aufbringen, die Krise zu verarbeiten, die durch
die Amtsenthebung von Bischof Lefebvre verursacht
worden war. Es gab Initiativen, Gläubige, Seminaristen
und Priester wieder zu integrieren, wobei man integrali-
stischen Richtungen mit Konzessionen weit entgegen-
kam. So erfuhr etwa die Klostergemeinde von Baroux im
Département Vaucluse in Südfrankreich recht unge-
wöhnliche Gunsterweise! Wir leben in einer Phase, in
der die Bischöfe eine deutlichere »Sichtbarkeit« ihrer

Kirchen wünschen. Man spricht weniger vom Einmi-
schen, vom verborgenen Sauerteig, der den gesamten
Teig aufgehen läßt, aber um so mehr von der Stadt auf
dem Berg und vom Licht auf dem Leuchter, der so sichtbar stehen soll, daß er das ganze Haus erleuchtet.
Das alles führt hin zu einem gewissen autoritären Zentralismus... Ich frage mich, ob das die richtigen Orientierungen und Verfahrensweisen sind. Vor allem scheint
mir, daß der Windstoß des Konzils wie weggeblasen ist.
Diese große Hoffnung, die unsere Kirche ergriffen und so
viele Priester, Ordensleute und Laien in Dynamik versetzt hatte, ist inzwischen von kälteren Gegenströmun-
gen in Frage gestellt. Die Öffnung für die Welt, die Zuwendung zu den Menschen, die Religionsfreiheit, das
Verlangen, auch anderen Religionen und den Nichtglaubenden zu begegnen, all das scheint einer kühleren Be-
schäftigung mit der inneren Neuorganisation und der
Neudefinition von Lehren zu weichen. Theologie und
Spiritualität der Inkarnation, die den Geist des Konzils
und der nachfolgenden Jahre ausmachten, weichen allmählich »spirituelleren« Strömungen, die weniger auf
die Lebenswirklichkeit der Menschen achten.
Charismatische Gruppen erfahren heute einen echten
Aufschwung. Sie rufen auf zur persönlichen Umkehr und
bieten die Gesundung der Herzen an. Sie suchen aber angesichts von sozialer Ungerechtigkeit nicht danach, wie
sie gemeinsam mit anderen handeln können, um Strukturen zu verändern. Die Absage an alles Politische ist bei
ihnen weit verbreitet. Und was das Opus Dei betrifft, das
eine seltsame Entwicklung erfährt, so scheint es eine
Machtstrategie zu verfolgen, die um so gefährlicher erscheint, je mehr sie verborgen bleibt.
Wie soll man da nicht aufmerksam auf Worte eines Mar-
cel Légaut achten, der sein Leiden gesteht an dem, was in
der Kirche geschieht:
»Mit welcher Selbstsicherheit trifft sie Entscheidungen

zu immer komplexeren Fragen, ohne deren Dimension erfaßt zu haben! Mit welcher geradezu gewalthaften Entschlossenheit verweigert sie den Christen das Vertrauen, die nach Lösungen für radikal neue Problemstellungen suchen! Wie hochmütig geht sie mit ihnen um, wenn sie sich nicht an Denkweisen und Haltungen der Disziplin aus der Vergangenheit gebunden fühlen! Was für eine Verschwendung leistet sie sich, indem sie so viele gute Diener abweist, die oftmals zu den besten zählen!

Diese Vergeudung führt meine Kirche unmerklich und unweigerlich, auch wenn es einige starke und solide Persönlichkeiten in ihr gibt, in allgemeine Mittelmäßigkeit... den heute amtierenden Autoritäten fällt zur Vorbereitung auf die Zukunft nichts besseres ein, als sich der Vergangenheit zuzuwenden, die sie ausgebildet und hervorgebracht hat, aus der sie stammen und die sie gefangen hält. So gehen alle Aristokratien unter!«[*]

[*] Le Monde, 21. April 1989

8. *Und das Evangelium geht seinen Weg…*

Die Kirche hat die Zukunft vor sich. Sie ist aber dazu verurteilt, ihr Gesicht zu verändern. Dieser Wandel dürfte ihr bei ihrer Vergangenheit nicht leicht fallen. Das Erbe lastet schwer, Zwischenfälle auf dem Weg lassen sich nicht vermeiden. Die Kirche gleicht einem alten Dorfbrunnen: sie spendet noch immer das Wasser, das schon den Durst von Generationen gestillt hat und auch den Durst der Menschen von heute zu stillen vermag.

In unserer Zeit schwinden die Orientierungspunkte. Wir leben in Ungewißheiten. Woran sollen wir uns festhalten? Wie sollen wir die Route abstecken? Wo finden wir einen Sinn für unser Leben? Auf dem Weg der Menschen ist die Kirche ein Zeichen, sie ist Licht und Sauerteig.

Wir leben in einer säkularisierten Gesellschaft, in der viele Getaufte nicht mehr glauben und vor allem gleichgültig werden. Wenn wir uns die Kirchenbesucherzahlen und die Beteiligung der Kinder am katechetischen Unterricht ansehen, müssen wir den steten Rückgang in diesen Bereichen zugeben. Zu Beginn des Jahrhunderts ging einer meiner Vorgänger auf die Reise durch die Diözese Évreux, um in den Pfarreien das Sakrament der Firmung zu spenden. Er fuhr mit seinem Sekretär in einer Pferdekutsche, und unterwegs firmte er mal sechshundert, mal achthundert, manchmal an die tausend Kinder im Alter von sieben Jahren. Die Kirchen waren immer überfüllt. Wie weit sind wir davon heute entfernt. Im Bistum Évreux liegt die Teilnahme am Sonntagsgottesdienst nicht über zehn Prozent und in manchen Pfarreien sinkt sie bis auf zwei Prozent. Weniger als die Hälfte der Kinder nehmen am religiösen Unterricht teil.

Diese Situation läßt viele Christen reagieren, und das ist
gut so: der Glaube kommt nicht von allein. Er ist nicht
mehr traditionell selbstverständlich, er wird nicht mehr
automatisch in den Familien von Generation zu Generation weitervermittelt. Er ist zur Sache der freien Entscheidung geworden, zu einem weit mehr evangelischen
als religiösen Engagement. Die Person Christi, sein Wort
und sein Handeln bilden die Mitte des Glaubens, denn
die traditionelle religiöse Praxis kann nicht mehr allein
Kriterium der Zugehörigkeit zur Kirche sein; künftig
werden die Herausforderungen des Evangeliums noch
stärker zählen.

Es ist großartig, Männern und Frauen zu begegnen, die
heute das Abenteuer des Evangeliums leben. Da lebt ein
Ehepaar mit seinen vier Kindern in einem kleinen nor-
mannischen Haus. Der Alltag ist nüchtern. Als Vegeta-
rier leben sie nahe bei der Natur. Sie engagieren sich in
Sachen Gewaltlosigkeit und Umwelt. Ihre Lebensweise
und ihre Liebe zueinander wirken als Zeichen, viele sehen es und finden es einfach schön. Sie strahlen Glück
aus, und wenn man bei ihnen ist, wird man ein besserer
Mensch. Eine Familie mit fünf Kindern nimmt unermüdlich Strafentlassene bei sich auf. Die Tür steht sogar
an Feiertagen offen.

Véronique und Fabien bereiten sich mit mir auf die Ehe
vor. Sie haben das Evangelium schon im Blut, und sie
nehmen die Gestaltung der Feier sehr ernst. Viele ihrer
Freunde sind nämlich nicht gläubig, und Fabien, der kurz
vor dem Ende seines Medizinstudiums steht, merkt auf
einmal, daß es »eigentlich das erste Mal ist, daß ich
meine Überzeugungen vor allen bezeugen werde.« Sie
möchten, daß die Hälfte des für Hochzeitsgeschenke be-
stimmten Geldes dem CCFD (»Katholisches Komitee gegen den Hunger und für die Entwicklung«, eine Schwe-
sterorganisation zu Misereor) zukommen soll zur Finan-
zierung eines Hilfsprojekts in Palästina.

André sitzt in einem Gefängnis in Nordfrankreich und schreibt mir regelmäßig. »Ich bin gewiß kein Heiliger, ich bin nur ein kleiner Gauner, der Jesus in seiner Gefängniszelle getroffen hat... Ich bin ganz einfach Jesus begegnet und habe ihn als Retter akzeptiert. Seitdem ist alles anders. Er ist der lebendige Gott, an den ich mit ganzem Herzen glaube.«

An einem Abend in Paris esse ich etwas in einem Fastfood-Restaurant im Quartier Montparnasse. Gegen halb zehn kommt ein junger Mann auf mich zu: »Sind Sie nicht der Bischof von Évreux?« »Doch«, sage ich. »Das hätte ich wohl nie geglaubt, daß ein Bischof hier essen würde. Darf ich mich dazusetzen?« Er heißt Nicolas, studiert Mathematik und bereitet sich auf die Lehrerprüfung vor. Nicolas ist nicht gläubig. Wir nehmen uns Zeit zu diskutieren. »Kann ich nach meiner Prüfung einmal nach Évreux kommen und weiter mit Ihnen diskutieren?«

Am nächsten Tag gegen 22 Uhr hole ich mir noch eine Zeitung im Drugstore Saint-Germain. Gleiche Szene, zwei Jugendliche in Lederjacken sprechen mich an: »Sind Sie nicht der Bischof von Évreux?... Wir finden das in Ordnung, was Sie machen. Wir brauchen so Leute wie Sie.«

Solche Zeichen sind mir wichtig. Ich empfinde sie als Hoffnungszeichen, der ausgesäte Weizen wird schon noch keimen. Ein ganzes Publikum, das ich nicht kenne, erwartet etwas von der Kirche, und ich möchte gern von jener guten Nachricht Zeugnis geben, die das Leben verwandelt. Vorausgesetzt allerdings, daß man dabei die Scheinwerfer nicht immer nur auf den Bischof richtet. Einem Journalisten der großen Regionalzeitung »Ouest-France«, der einen Bericht über Évreux bringen wollte, gab ich den guten Rat, sich erst einmal vor Ort umzusehen. »Sehen Sie sich um, und nehmen Sie sich Zeit. Da lebt nämlich ein ganzes Volk.« Er war klug genug, das zu

akzeptieren. Dieses Volk nämlich läßt die Knospen des
Evangeliums aufspringen und macht die Kirche erst in
ihrer Tiefe verständlich. Das Volk trägt das Evangelium
über die Straßen der Geschichte. Wenn man alles auf den
Bischof hin polarisiert, gerät die Kirche aus dem Gleichgewicht.

Bei einem Radiointerview vor kurzem drehten sich die
Fragen immer wieder um Themen der Sexualität, der
Moral, der Präservative. Ich bemerkte schließlich: »Die
Kirche ist da nicht vom Fach. Die private Moral ist nicht
ihr Vorzugsgebiet.« Und ich dachte dabei an den Brief
eines Priesters, dessen Worte mir aufschlußreich erscheinen: »Die sogenannten Probleme der Öffentlichkeit sind
sicher wichtig. Aber sieht man genauer hin, dann scheinen sie mir zweitrangig gegenüber Problemen der Macht,
besonders der wirtschaftlichen und finanziellen Macht.
Darf man, wenn man dem Evangelium treu bleiben will,
Schweigen vor dem Zynismus der Mächtigen, vor dem
Götzendienst am Geld, vor der Spekulation (48 % Kurs-
gewinne allein im Jahr 1988 an der Börse), vor dem Abbau
sozialer Errungenschaften, vor der wachsenden Verunsi-
cherung, vor dem Hochkommen eines aberwitzigen Indi-
vidualismus, vor der Jagd auf militante Gewerkschafter?
...Zu viele Leute an den Hebeln scheinen daran interes-
siert, daß sich die Kirche nur mit Fragen der Sexualität
oder mit ihren inneren Angelegenheiten beschäftigt. Sie
haben dann um so mehr Ruhe bei ihren schmutzigen Ge-
schäften. Sie sind gar nicht traurig darüber, daß die Kirche mit unbeholfenen Stellungnahmen aufgrund einer
Sprache von gestern an Einfluß auf die öffentliche Meinung verliert. Sie fürchten, das wissen Sie sehr wohl, vor
allem ein mutiges Wort gegen die Ungerechtigkeit, gegen
die Ausbeutung aus Stolz und Vergnügen, gegen die Hab-
gier der Reichen, gegen die Verachtung der Geringen.
Mehr denn je muß man dieser Welt zuschreien: Weh
euch, ihr Reichen!« Er beendet seinen Brief mit der War-

nung: »Wenn Sie auf diesem Weg weitergehen, werden Sie noch mehr leiden müssen. Sie werden dann nicht nur der sogenannte progressive oder aufmüpfige Bischof sein, sondern der Mann, den man beseitigen muß.«

Die Medien sind ein ungemein wichtiges Mittel, die frohe Botschaft zu verkünden. Wie soll heute das Evangelium ohne sie auf den Weg kommen? Über das Fernsehen erreicht man die Gefangenen in ihrer Zelle, die Kranken in der psychiatrischen Klinik, ganze Familien, die niemals eine Kirche betreten. Über Radio kann man die Autofahrer auf ihrem Weg zur Arbeit ansprechen, die Bauern beim Rübenpflanzen, die Kranken unter ihrem Kopfhörer. Über die Tagespresse gelangen manche Sätze in weite Ferne: Das zeigen die Briefe, die ich manchmal sogar aus der Antarktis, aus Japan oder Brasilien erhalte. Der Inhalt macht mir Mut:

»Vor drei Jahren«, so schreibt mir eine Frau, »hatte ich Heidenkind beiläufig ihren Worten über die Ausgestoßenen zugehört. Ich fand darin einige Dinge wieder, die mich stark beschäftigten. Einmal bin sogar zu Ihnen hingegangen, war aber dann doch so verschüchtert, daß ich nichts sagte. Und doch habe ich mich so allmählich immer mehr darauf eingelassen und habe entdeckt, daß das Wort Jesu, das zunächst an die Gedemütigten und Ausgeschlossenen gerichtet ist, auch für mich selbst Botschaft der Freiheit ist. Übrigens ein schönes Paradox, und ich bedanke mich jeden Tag bei dem, der Sie als Relais des Evangeliums auf meinen Weg gestellt hat.«

Ein anderes Beispiel: »Neulich habe ich Sie in der Sendung *Radioscopie* gehört. Sie sagten da noch einmal, daß der Film von Scorsese uns Fragen über Jesus stellt. Mein ältester Sohn, dreiundzwanzig Jahre alt, Student an einer technischen Hochschule, ohne jede religiöse Erziehung, sah sich den Film an und fragte mich anschließend: ›Welches Evangelium liest man denn am besten zuerst?‹ Etwas zufällig und aus persönlicher Vorliebe sagte ich:

›Lukas.‹ Seine Frage hat mich nachdenklich gemacht. Sie
säen Körner aus, die auch auf Böden wachsen, wo uns das
aus der Fassung bringt.«
Wenn ich solche Briefe lese, muß ich manchmal an Paulus und Barnabas denken und an das Glück ihrer missionarischen Erfahrung: »Sie riefen die Gemeinde zusammen und berichteten alles, was Gott mit ihnen zusammen getan und daß er den Heiden die Tür zum Glauben
geöffnet hatte« (Apg 14,27).
Manchmal werde ich auch falsch verstanden. Eines Morgens mitten in der Albertini-Affäre bekomme ich den
Anruf eines ungehaltenen Katholiken aus Évreux: »Ich
habe Sie gestern abend am Fernsehen gesehen«, be-
schwert er sich, »und ich finde es höchst bedauerlich,
daß Sie bei dieser Gelegenheit nicht einmal gesagt haben: ›Ich bete für Pierre-André Albertini oder ich will für
ihn beten.‹« Er hält mir vor, daß ich das Beten nicht eigens erwähnt habe! Zuerst fällt mir nur als Antwort ein:
»Daran habe ich nicht gedacht!« Aber dann fasse ich
mich und füge noch hinzu: »Auch wenn ich daran gedacht hätte, hätte ich es nicht ausgesprochen, weil ich
nicht zu Christen sprach.«
Dabei dachte ich an das Wort von Simone Weil: »Nicht
an der Art und Weise, wie ein Mensch über Gott spricht,
sehe ich, ob er durch das Feuer der göttlichen Liebe gegangen ist..., sondern an der Art, wie er mit mir über die
irdischen Dinge spricht.«
Die Medien sind nämlich ein Ort missionarischen Wirkens, auch wenn dabei das Wort manchmal verformt,
vereinnahmt, ja verraten wird. Ein gutes Verhältnis des
Miteinanders zu den Journalisten hier im Département
trägt dazu bei, daß man sich kennt, versteht und achtet.
Ich schätze ihre Arbeit und ihr Feingefühl. Wenn es gerade stürmt, dann belästigen sie mich nicht zusätzlich,
und ein paar Worte genügen, damit sie die Situation verstehen. Wenn ich ihre Artikel lese, wird mir manchmal

noch etwas deutlicher, was ich hatte sagen wollen. Sie wissen jedenfals, daß ich ihnen nichts verweigere.

Die Reaktionen auf eine Sendung können allerdings extrem verschieden ausfallen. Die einen schreien: Skandalös, erbärmlich!, während die anderen applaudieren: Bravo, hervorragend! Dabei bemühe mich durchaus um eine allen verständliche Sprache, ohne zu viele religiöse Begriffe zu gebrauchen. Man wirft mir vor, daß ich zu schnell auf Ereignisse reagiere und gleich losstürme, als hätte ich keine Zeit zu verlieren. Den Christen unserer Diözese geht es etwas auf die Nerven, daß sich die Kameras in ihrer simplifizierenden Art immer auf den Bischof richten. Ich kann sie verstehen und muß ihnen Recht geben, wobei mich ihre Kommentare auch amüsieren: »Übrigens, Gaillot war wieder mal im Fernsehen.« Oder: »Hast du gehört, was Jacques gestern gesagt hat? Das war wieder mal ein Hammer.« Oder: »Den kann sowieso keiner am Reden hindern.« Ich hoffe allerdings, daß der Tag kommt, an dem der Bischof seltener redet, weil sich dann das Volk Gottes in seiner Vielfalt auf allen Gebieten selbst zum Ausdruck bringt.

Eine Überschrift der Zeitung *Ouest-France* verkündet: »Évreux, eine Diözese, in der es brodelt«. Wieso das? Eine Synode ist zusammengetreten. Wirklich ein freudiges Ereignis, eine wahre Geburt. Die Kirche von Évreux geht schwanger, und sie ist selbst dabei, geboren oder besser gesagt wiedergeboren zu werden. Drei Jahre lang werden die Gläubigen überall über folgende drei Fragen nachdenken: »Was beschäftigt euch heute da am meisten, wo ihr lebt? Was verwirklicht ihr jetzt gerade? Was möchtet ihr gern auf den Weg bringen?« Ein entschiedener Weg der längerfristigen Reflexion für Christen zwischen sieben und siebenundsiebzig und durchaus auch für Nichtgläubige.

Die Synode ist ein langer Marsch, den wir gemeinsam gehen müssen. Dieses geistliche Abenteuer soll unserer

Diözesankirche wieder neuen Wind und Kraft aus dem
Evangelium geben. Dieser große Elan, der schon jetzt die
Christen auf den Weg bringt, wird sie bestärken und ermutigen, als wahre Zeugen des Evangeliums zu leben.
Die Synode lädt ein zum Aufbruch, zur Begegnung, zum
Teilen. Im Zugabteil setzt sich ein etwa vierzigjähriger
Mann zu mir und stellt sich vor: Er arbeitet in Paris,
wohnt in der der Nähe von Évreux, bezeichnet sich als
nichtpraktizierender Katholik, der schon lange weit von
der Kirche entfernt steht, und er gibt zu, er habe kürzlich
bei einem Trauerfall in der Familie mit großem Erstau-
nen entdeckt, wie aktiv sich die Laien in seiner Pfarrei
beteiligten. Das macht ihn neugierig, und er würde gern
mit irgend jemand darüber reden. Aber mit wem? Zufällig hat er mich nun im Zug getroffen. Aber bei wievielen
anderen sind die Bremsen noch angezogen, weil ihnen
die Gesprächspartner fehlen? Die Synode erteilt ihnen
das Wort.
Die Kirche wird zur Sache der Getauften. Die Christen
entdecken neu die Bedeutung dieses Sakraments und lernen mit Freude, wie man »Kirche macht«. Priester, Diakone, Ordensleute und Laien sind Partner, die gemeinsam an der einen Sendung arbeiten. Das Alltagsleben der
Menschen wird zum Ort des Glaubens. Das sind die
Früchte des Konzils. Das ist auch der Gedanke der Action
catholique.
Der weitere Weg ist freilich lang. Wenn die Getauften ihren Glauben teilen wollen, wenn sie Antwort geben
möchten auf die Anfragen der Nichtgläubigen, wenn sie
Verantwortung tragen wollen in der Kirche, wenn sie die
Zeichen der Zeit erkennen wollen, dann dürfen sie nicht
bei der simplen Einführung in den Katechismus stehenbleiben, dann ist eine Vertiefung ihres Glaubens durch
mehr Wissen unerläßlich.
Die Teilnehmerzahlen an unseren Bildungskursen nehmen zu. Die FAC (ein Bildungsweg für die Zukunft der

Gemeinden) und die Schule für pastorale Dienste (in der die Kirche auf der Ebene der Diözese erfahrbar wird) bereiten in Kursen von zwei Jahren Laien darauf vor, ihre Verantwortung besser wahrzunehmen. An Donnerstagen oder an verschiedenen Abenden finden Einführungskurse statt über Christus, über die Rolle der Christen, über die Beziehung zwischen Glauben und Leben. Bibelkreise sind im Aufschwung: sie öffnen den Zugang zu den Quellen des Wortes Gottes. Schließlich werden offene Vorträge für jedermann angeboten. Kürzlich haben zwei Laien bei uns gesprochen: Jean Delumeau, Professor am Collège de France, referierte zum Thema: »Was ich glaube«, und Pierre Pierrard vom Institut catholique in Paris sprach über »Die Kirche und die Revolution von 1789«. Welch ein Zeugnis haben beide weitergegeben!
Dank solchen Initiativen haben auch die Getauften inzwischen Zugang zu einer Bildung, die vormals den Priestern und Ordensschwestern vorbehalten war.
Es mangelt freilich auch nicht an Schwierigkeiten und leidvollen Erfahrungen. Manche Christen reiben sich auf, indem sie inzwischen gar nichts mehr sagen. Bei Priestern ist ein Überdruß zu beobachten, der nicht nur von der Überlastung mit Arbeit herrührt. Sie haben sich für eine weltoffene Kirche eingesetzt, die solidarisch ist mit den Ärmsten. Und nun haben sie den Eindruck, sie stünden besser da, wenn sie nicht so viel Mühe für ein Aggiornamento im Sinn des Konzils aufgebracht hätten. Ihnen lastet man ein gewisses Scheitern der Kirche an: »Die Priesterseminare leeren sich, die Kirchen leeren sich.«
Ein Priester aus dem Weihejahr 1953 hat mir dies im folgenden Bekenntnis bestätigt: »Ich war hocherfreut über das Zweite Vatikanische Konzil, das einen so frischen Wind in die Kirche brachte. Wäre ich ohne dieses Konzil heute noch Priester? Ich kann mir kaum vorstellen, ich wäre heute noch imstande, all das zu tun, was ich in den

ersten Jahren meines Priesteramtes tat; ich will damit
sagen, wie unwohl mir bei den Auffangbemühungen ist,
die wir derzeit erleben. Und ich wundere mich, daß die
Bischöfe Frankreichs nicht allesamt stärker gegen Ten-
denzen der Kurie reagieren, die Dinge stärker in den Griff
zu bekommen. Wie so viele Priester meiner Generation
haben wir am Entstehen und am Wachstum eines verantwortlichen Gottesvolkes mitgearbeitet, haben wir die
Christen auf den verantwortungsvollen Weg einer Buß-
feier in der Gemeinde gerufen, die uns als wirklicher
Fortschritt gegenüber den Einzelbeichten erschien, wie
wir sie kannten. Ich persönlich habe die Entscheidungen
unserer Bischöfe hinsichtlich dieser Bußgottesdienste
nicht verstanden. Auch ich bin verärgert über Entscheidungen des Vatikans, der Bischöfe Frankreichs... Seien
Sie unbesorgt, ich habe keineswegs die Absicht, der Kirche den Rücken zu kehren, aber ich bin doch betroffen
von der Entmutigung einer Anzahl von Priestern meiner
Generation, die allmählich ins Rentenalter kommen und
nur noch daran denken, sich zurückzuziehen. Das ist
schade für die Sendung. Ich wünsche Ihnen viel Mut in
dem harten Kampf, den Sie führen.«
Dennoch sind es nur wenige, die aufgeben. Im Gegenteil,
viele machen ihr Elend geradezu missionarisch fruchtbar. Sie haben ihr Leben Christus zur Verfügung gestellt
und wollen auch weiter für ihn arbeiten – vielleicht auch
auf Umwegen über ihren Bischof! Jedenfalls schreiben
sie mir und bitten mich, ich solle nicht zurücktreten.
»Wir brauchen Sie«, versichert mir einer. »Lassen Sie uns
nicht im Stich.« Ein anderer sagt: »Seit dreiundvierzig
Jahren bin ich Priester. Ich bitte Sie, behalten Sie Ihren
missionarischen Atem. Heute morgen habe ich bei der
Betrachtung über das zweite Kapitel aus Ezechiel für Sie
gebetet. In herzlicher brüderlicher Umarmung.«
Wir werden bald in Europa einen sehr bedeutsamen Augenblick erleben. Am 1. Januar 1993 wird im Aufbau der

Europäischen Gemeinschaft ein entscheidender Schritt getan. Die von den Staatschefs der zwölf Mitgliedsstaaten der Gemeinschaft erarbeiteten Beschlüsse treten dann in Kraft: Abschaffung der Grenzen, freier Waren- und Personenverkehr, Harmonisierung der Produktionsgesetze und -normen, gemeinsame Zahlungsmittel, Gleichwertigkeit der Diplome... Werden die Kirchen mit dieser Bewegung Schritt halten? Im Augenblick bleiben sie noch sehr national ausgerichtet und wenig europäisch. Jede wahrt ihre Unabhängigkeit trotz einiger bescheidener Ansätze des Austausches und gegenseitiger Besuche. Wir riskieren die Vereinzelung, wenn wir unsere Wirklichkeit nicht in die Gemeinschaft einbringen. In den verfügbaren Mitteln der Kirche gibt es zwischen den Ländern nach wie vor sehr große Unterschiede. Auch der Status der Priester und ihre Lebensbedingungen sind sehr verschieden. Es gibt noch kaum so etwas wie einen Ausgleich zwischen den Kirchen, von denen manche noch zahlreiche Priesterberufe hervorbringen, während in anderen der Klerus altert und an Zahl verliert. Gleiches könnte man hinsichtlich der Ausbildung von Priestern und Laien sagen. Wir halten ermutigende Reden, aber wir handeln nicht.

Schlimmer noch. Zur Stunde der Einheit zwischen den Nationen liefern wir weiterhin das Schauspiel unserer Spaltung zwischen den christlichen Kirchen. Die Ökumene ist heute nicht mehr so lebendig, wie sie es schon war. Das Verlangen, auf diesem Weg weiterzukommen, hat sich merklich abgekühlt, und die Stunde der wiedererlangten Gemeinschaft rückt anscheinend immer weiter weg. Im Augenblick, in dem die Europäer den endgültigen Frieden zu besiegeln scheinen, bleiben die Christen ziemlich allein in ihrer Uneinigkeit zurück.

Ich beneide oft unsere bischöflichen Brüder in Lateinamerika um das, was sie in den Jahren nach dem Konzil zuwege gebracht haben. Im CELAM haben sie einen äu-

ßerst fruchtbaren Organismus geschaffen, der die großen
Gedanken des Zweiten Vatikanums konkret in die Tat
umsetzt. Die Asiatische Bischofskonferenz ist weniger
bekannt, aber ebenso wirkungsvoll auf diesem enormen
Kontinent, auf dem die Kirche in der Minderheit lebt. Ich
freue mich auch, wenn jetzt von einer Synode der Kirche
Afrikas die Rede ist. Nur die alte Kirche Europas verleiht
sich noch nicht die Mittel dieser Communio...

Auf dem Weg ins dritte Jahrtausend ist die Kirche aufgerufen, über ihre Grenzen hinauszublicken. Man braucht
nur auf diejenigen zu hören, die aus anderen Ländern, aus
Brasilien, Chile, aus Afrika oder von den Philippinen zu
uns zurückkommen. Es verbleiben riesige Gebiete, die
die Saat des Evangeliums noch befruchten wird und die
auch dem »römischen« Christentum ein weniger medi-
terranes und abendländisches Gesicht geben werden, das
dem Willen Christi besser entspricht, der sein Leben hingegeben hat, damit alle Kinder Gottes endlich in der Einheit zusammengeführt werden.

Die Zukunft besteht nicht darin, daß man die Vergangenheit wiedererweckt. Ein gewisser Typus von Kirche liegt
im Sterben. Ich habe nie an der Kraft des Evangeliums
und an der wunderbaren Lebendigkeit einer Kirche ge-
zweifelt, die sich von den Armen her aufbaut. Es fehlt ihr
weder an Intelligenz noch an Fähigkeit zur Analyse,
wohl aber an Mut für die Zukunft.

II. ICH BLEIBE DABEI

Klarstellungen
Interview geführt von Catherine Guigon

»Eine Kirche, die nicht dient, dient zu nichts...«

Wenn man Sie so hört, wenn man Ihre Texte liest, dann stehen Ihre Äußerungen doch stark in Dissonanz zu denen des Episkopates. Sind Sie ein marginaler Bischof?

Nein. Eher Bischof der Marginalisierten. Wenigstens versuche ich, es zu sein. Im übrigen ist Meinungsvielfalt auch unter Bischöfen wünschenswert. Ich nehme das Recht auf Verschiedenheit in Anspruch.

Sie erheben den Anspruch, aber bekommen Sie es auch?

Zur Zeit ja. In der neueren Kirchengeschichte fehlt es ja nicht an berühmten Beispielen für Meinungs- und Redefreiheit. Ich denke da an die Kardinäle Suhard, Liénard, Saliège, an einen Bischof Riobé... Aber die Zeiten werden schwierig.

Meinen Sie denn, die Genannten hätten auch heute noch diese Freiheit? Sie gehörten zu einer anderen Generation, zur Generation eines Krieges, in dem die Kirche – sagen wir es so unverblümt – durch die Kollaboration mit den Nationalsozialisten weithin an Kredit verloren hatte. Nach der Libération gelang es in der Gegenbewegung einem Teil der Institution, sich dem normalen hierarchischen Funktionszusammenhang zu entziehen. Diese Gedankenfreiheit gipfelte dann im Zweiten Vatikanum in den sechziger Jahren. Aber darf man sich heute wirklich noch Seitensprünge erlauben?

Zweifelsohne ja, vorausgesetzt, es geschieht im Geist des Evangeliums. Jesus ist in seinem Leben ständig ausge-

schert, sogar so weit, daß er sein Leben hingab. Seine Familie behauptete, er sei von Sinnen.

*Wir sprachen eben vom Krieg. Hat die Kirche da eigent-
lich ihre Vergangenheit aufgearbeitet? Haben die Bischöfe die Affären der damaligen Zeit neu überdacht,
die Judenfrage etwa oder den Segen für das Vichy-Re-
gime?*

Meines Wissens nicht. Vor dem Drama, dem das jüdische
Volk während der Zeit des Nationalsozialismus zum Opfer fiel, ist das Schweigen des französischen Episkopats
und Roms kaum nachzuvollziehen; ich kann es nur nur
bedauern.

*Wie stehen Sie zur Haltung mancher Priester gegenüber
Paul Touvier [französischer Kollaborateur der Gestapo,
der in einem südfranzösischen Kloster bis zu seiner Festnahme im Jahr 1989 vor der gerichtlichen Verfolgung ge-
schützt wurde], und welche Haltung hätten Sie selbst
eingenommen, wenn man Sie um die Gastfreundschaft
gebeten hätte?*

Ich kann auch das schwer verstehen und muß mich wundern. Wie kann man einen Mann schützen, wenn man
weiß, daß er solche Verbrechen begangen hat? Damit
will man ihn der Justiz entziehen. Man gibt zugleich
auch die eigene ideologische Komplizenschaft zu erkennen. Ich selbst hätte Paul Touvier nicht denunziert, aber
ich hätte von ihm verlangt, daß er sich selbst der Justiz
stellt. Einem Menschen in Not beistehen ist eines, ihn
durch Aufnahme vor der Rechtsprechung schützen ist jedoch etwas anderes. Ein Verbrechen wider die Menschlichkeit darf nicht in Vergessenheit geraten.

*Mit dem Zweiten Vatikanum hat die Kirche sich neue
kollegiale Strukturen gegeben. Erweisen sich diese
Strukturen als förderlich für den Dialog?*

Die Kollegialität ist bisher nur Fassade, und es ist noch nicht gelungen, sie in echte Zusammenarbeit umzusetzen. Wir stehen hier immer noch auf halbem Weg zwischen der zentralen Macht Roms und der Unabhängigkeit jedes einzelnen Bischofs in seiner Diözese. Der stärkste demokratisierende und dezentralisierende Impuls des Konzils hat seine Früchte noch nicht hervorgebracht.

Es kommt aber doch vor, daß Sie sich selbst eingeengt fühlen, besonders bei der jährlichen Bischofskonferenz in Lourdes. Was kann konkret geschehen, damit sich diese Begegnung aus einem so bedrückenden Ritual löst?

In Lourdes weht ein kräftiger und frischer Wind, seien Sie da unbesorgt! Die Praxis der demokratischen Auseinandersetzung braucht auch noch einige Übung vor Ort unter den Christen. Bei den Laien zeigt sich heute ein Drang zu mehr Demokratie. Je stärker die Bischöfe die Diskussion in ihrem eigenen Volk erfahren, desto eher wird sich auch die Praxis der Bischofskonferenz verändern. Das kommt zunächst von unten.

Ist die Kirche nicht allzu hierarchisch aufgebaut? Wird in Begriff und Funktion der Institution die Pyramidenstruktur nicht überzogen?

Die Kirche besteht aus dem Volk. Wenn aber ein Journalist nach Évreux kommt, dann will er zum Bischof; er kümmert sich erst gar nicht um die Christen der Diözese. Und wenn dann die Scheinwerfer auf den Bischof gerichtet sind, haben wir wieder die Schaufensterkirche.

Stört es Sie, daß manche führende Persönlichkeiten der Kirche Frankreichs wie Kardinal Lustiger zu »Stars« geworden sind?

Mich stört viel mehr, daß die Kirche nicht stärker Partei ergreift für die Ausgestoßenen, die Ausländer, die Hilflosen. Gott steht immer auf der Seite der Verlierer. Wenn die Kirche die Entscheidung für die Armen an die erste Stelle setzt, werden auch die Bischöfe davon verwandelt. In einem solchen Kontext braucht man sich über ihre Rolle keine Sorgen mehr zu machen.

Müßte man nicht zum Wohl der Kirche – wie Kardinal Lustiger offenbar meint – auch die Rede von der religiösen Macht wieder erneuern? Sie scheinen eher in die entgegengesetzte Richtung zu steuern.

Wenn der Bereich des Religiösen restauriert werden soll, dann habe ich nichts dagegen, sofern es sich um einen Ort handelt, aus dem dann die christliche Offenbarung hervortritt wie ein Kristall aus dem grauen Gestein, indem sie sich in dem manifestiert, was sie nicht ist. Zu unserer modernen Gesellschaft gehören die Sinnsuche und das Bedürfnis nach symbolischen Bezügen notwendig dazu. Ich glaube, daß der christliche Glaube in den Rissen einer vielgestaltigen Kirche, in den Brüchen der sozialen, militärischen und auch religiösen Sicherheiten neu hervorquillt.

Und Ihre persönliche Meinung?

Mein Augenmerk gilt den Manifestierungen des Geistes in den Aktionen, Kämpfen, in der Solidarität der Frauen und Männer von heute. Denn ich glaube an den Menschen und daran, daß die Religion ein Mittel für sein Fortkommen und Wachstum ist.

Finden Sie nicht ganz allgemein, daß die Kirche heute mehr denn je Angst vor der Moderne an den Tag legt?

Das ist wohl richtig. Ich für mein Teil habe keine Angst vor der Moderne. Ich liebe die Welt dieser Zeit mit ihren neuen Fragen, mit nie gekannten Situationen, mit ihren phantastischen und schrecklichen Möglichkeiten. Wir müssen zur Zeit lernen, Weltbürger zu werden, soli-

darisch und verantwortungsvoll, um die Erde für alle be-
wohnbar zu machen.

*Sie antworten im eigenen Namen... Aber ist denn insge-
samt gesehen die Kirche Frankreichs nicht in eine Art
Regression verfallen in der Nostalgie einer verlorenge-
gangenen Christenheit?*

In der katholischen Kirche gibt es – in Frankreich und
anderswo – sicher auch regressive Kräfte. Diese Strömung ist höchst bedauerlich. Die großartige Botschaft
der Befreiung durch das Evangelium wird so in Mitlei-
denschaft gezogen.

*Wie verhalten sich die Bischöfe dazu, sind sie Betreiber
oder Mitläufer dieser Bewegung?*

Die Bischöfe stehen bei ihrem Volk. Sie kennen den
Druck der Umwelt und sind besorgt um die Einheit.

*Ist die Kirche nicht dabei, ihre Freiheit zu verlieren?
Zieht sie sich nicht wieder in die Sicherheit des Dogmas
zurück?*

Die Kirche verliert nur dann ihre Freiheit, wenn sie sich
mit sich selbst beschäftigt, wenn sie sich mit den Mächtigen verbündet, wenn sie sich am Reichtum festklam-
mert. Sie findet zu einer erstaunlichen Freiheit zurück,
wenn sie sich für die Armen entscheidet und Ungerech-
tigkeiten anprangert.

Ist das Erbe des Zweiten Vatikanum in Gefahr?

Man geht in der Praxis schlecht damit um. Aber im Volk
Gottes ist inzwischen eine mächtige innere Lebenskraft
aufgekommen, die man nicht aufhalten kann. Die win-
terliche Atmosphäre, in der die Kirche erstarrt, kann den
Ausbruch des Frühlings nicht verhindern.

Ist die Entchristlichung des sozialen und kulturellen Lebens nicht auch für Sie beängstigend?

Nein. Der Prozeß ist unvermeidlich. In einer laikalen, demokratischen und pluralistischen Gesellschaft wird der christliche Glaube wieder zur freien Entscheidung und zum Engagement. Ich bewundere immer wieder, wie gerade auch einfache Menschen in unserer modernen Gesellschaft Zeugnis für das Evangelium ablegen. In diesem Zusammenhang verdient der Nichtglaubende die Zuwendung des glaubenden Menschen.

Aber präsentieren sich diese Menschen des Glaubens heute nicht als diejenigen, die gern eine Sprache der Rückeroberung gebrachen?

Rückeroberung reimt sich nicht mit dem Evangelium. Der Geist der Rückeroberung mißfällt mir. Das riecht zu sehr nach Intoleranz. Ich sehe lieber, wie Jesus im Evangelium eine Frau um Wasser bittet. Er ist müde von der Wanderung und hat Durst. Er beginnt, indem er bittet, nicht indem er selbst gibt. Nachdem Jesus dann das Wasser getrunken hat, das ihm die Samariterfrau gegeben hat, spricht er vom lebendigen Wasser. Die Christen sind auf die anderen angewiesen. Sie empfangen, und sie geben. Sie hören zu, und sie sprechen. Immer im Geist der Solidarität und der Gegenseitigkeit.

Haben Sie indessen nicht auch den Eindruck, daß in der heutigen Kirche Kirchgang und Gewissensdruck wieder zu Zeichen kirchlicher Bindung werden? Daß der Sabbat doch nicht für den Menschen da ist, sondern der Mensch für den Sabbat?

Bindung durch Druck und Zwang trifft nicht das Herz des Menschen. Eine Pastoral der Angst respektiert nicht das Gewissen der Leute. Was die Menschen im Evangelium zur Umkehr bewegt, ist die unglaubliche Güte Jesu.

Sein Verhalten ist überwältigend, denn bei ihm schafft zärtliche Zuwendung und nicht Zwang die Bindung.

Kann man eigentlich in einer auf Dogmen beruhenden Institution als Demokrat handeln?

Demokratie ist eine Errungenschaft der Französischen Revolution. Sie hat noch eine gute Strecke vor sich, um auch die kirchliche Institution umzugestalten. Da wäre ein bißchen demokratische Subversion manchmal ganz nützlich! Die Kirche beruht nämlich keineswegs nur auf dem Dogma, sondern auf der Person Christi und der Apostel. Das ist es auch, was ihr die Bereitschaft zu Wagemut und Abenteuerlust auf den Weg mitgibt.

Sie sprechen das aus, was andere denken. Auch andere als Sie finden, es sei keine Tragödie, wenn man sich den Film von Martin Scorsese ansieht oder wenn man Präservative gegen die Verbreitung von Aids benutzt. Warum sind Sie aber der einzige, der das laut sagt? Und warum ausgerechnet Sie mit ihrem so sanften, so »unschuldigen«, so gelassenen Erscheinungsbild? Woher haben Sie eigentlich diese Sturheit?

Vom Menschen, den es zu verteidigen gilt. Seine Freiheit, seine Rechte, seine Würde antasten, ist unerträglich. Ich kann Unrecht nicht ertragen. Ich kann es nicht ertragen, daß man einen Menschen erniedrigt und ausstößt. Für ihn zu sprechen und zu kämpfen, macht mir keine Angst.

Aber warum lösen Sie damit einen Skandal nach dem anderen aus?

Wahrscheinlich bin ich unbequem, weil ich an Tabus rühre, an Macht- und Interessensphären... Die derzeitigen Empfindlichkeiten und Spannungen in der Kirche machen auch das Bischofsamt schwieriger.

*Ist diese Abwehrhaltung nicht bis in die Spitze der Hier-
archie spürbar? Fühlen Sie sich im Einklang mit Johannes Paul II.? Ich meine dies nicht in bezug auf seine
Treue zu Christus, sondern auf seine weltpolitische Praxis, seine moralischen Ansprachen und seine ethischen
Orientierungen?*

Der Papst ist der Nachfolger des Petrus. Ich nehme im
Glauben den an, den Gott seiner Kirche gegeben hat.
Mein Dienst als Bischof ist nur in Gemeinschaft mit ihm
denkbar.

*Sie weichen da der Frage aus. Stört Sie nicht das Image
eines Papstes, der sich dafür einsetzt, die christenheitli-
che Welt zu restaurieren, und zwar besonders in der
Dritten Welt?*

Es ist das Bild der Restauration, das mich stört. Restauration der Christenheit ist kein Weg, der in die Zukunft
führt. Man kann die Vergangenheit nicht wiederbeleben.
Gegenwärtig gibt es eine Politik der Bischofsernennungen und einen römischen Zentralismus, der mir im Hinblick auf die Verkündigung des Evangeliums als bedauerlich erscheinen.

*Papst Paul VI. war römisch und aristokratisch gesinnt
und dennoch von großer geistiger Offenheit und Toleranz. Der jetzige Papst ist eine kraftvolle und charismatische Persönlichkeit, aber ist sein »polnischer Glaube«
wirklich auch Ihr Glaube?*

Ich hoffe es. Es ist ja immer der Glaube der Apostel. Der
Glaube der Kirche.

Sie haben in Rom um Audienz gebeten. Warum?

Ich habe dem Papst persönlich einen Brief geschrieben.
Angesichts der Kontroversen um meine Person hatte ich
den Wunsch, den Sinn meiner Aussagen und die Art, wie

ich mein Bischofsamt zu führen suche, selbst zu erläutern. Es war enttäuschend und überraschend für mich, daß eine solche Begegnung nicht möglich war.

Warum lehnt es der Papst ab, Sie zu empfangen?

Mir wurde die Ablehnung vom Nuntius mitgeteilt. Ich habe keinerlei schriftliche Antwort oder Angabe über die Gründe der Ablehnung erhalten. Ich sehe darin nur einen Zwischenfall ohne negative Auswirkung für die Zukunft.

Im Bereich der Politik haben Sie – beispielsweise im Einsatz für den jungen Albertini –, einige Standpunkte vertreten, die Sie als »Genossen« der kommunistischen Partei erscheinen ließen.

Ich orientiere und inspiriere mich vor allem am Evangelium. Christen verstehen ohne Schwierigkeiten, was ich damit meine. Ich mache mir auch ohne Zögern die Hände schmutzig, um für Menschen ohne eigene Stimme Partei zu ergreifen, um Unrecht zu bekämpfen, um die Menschenrechte zu verteidigen. Diese Einmischungen haben politische Auswirkungen. Dafür hängt man mir dann recht bunte Etikette an. Das Etikett vom roten Bischof hat gute Aussichten auf Langlebigkeit.

Besonders in den fünfziger Jahren gab es schon einmal die Tradition eines Klerus, der der Kommunistischen Partei nahestand. Haben Sie die Tendenz, diese Tradition fortzusetzen?

Die Frage beschäftigt mich kaum. Für Albertini beispielsweise habe ich mich eingesetzt, weil er aus Évreux kam, und weil er in einem Land im Gefängnis saß, in dem die Apartheid herrscht.

Sind Sie sicher, daß man Sie da nicht etwas manipuliert hat?

Ich hatte nicht das Gefühl.

Betrachten Sie die Kommunisten als laikale Geister mit echter Freiheit im Denken?

Diejenigen, die ich persönlich kenne, haben die von Ihnen genannten Eigenschaften.

Um auf Ihre Stellungnahme zu sittlichen Fragen zu sprechen zu kommen, die viel Skandal hervorgerufen haben, können Sie eigentlich das zwanghafte Unbehagen der Kirche in bezug auf Probleme der Sexualität begreifen? Richtet sie da nicht ein Übermaß an Aufmerksamkeit ständig auf diesen einen Aspekt der Ethik?

Wenn diese Zwanghaftigkeit dem Frieden und der Gerechtigkeit gälte, wäre das großartig. Ich kann Ihnen aber versichern, daß das christliche Volk – ich selbst eingeschlossen – in der Diözese Évreux kein zwanghaftes Unbehagen gegenüber der Sexualität empfinden.

Aber die Frage bleibt: Warum ist die Kirche so sehr auf die Geschlechtlichkeit fixiert?

Vielleicht haben manche ein Interesse daran, daß sich die katholische Kirche mit der Sexualität beschäftigt. Das ist weit weniger kompromittierend, als wenn sie Unrecht anprangert und laut schreit: »Weh euch, ihr Reichen!«

Das Eheleben ist eine mühevolle Erfahrung. Trägt der Zölibat der Priester nicht mit dazu bei, die ehelichen »Freuden« in ein allzu helles Licht zu stellen? Fallen Priester da in der Sprunghaftigkeit unserer Epoche nicht einer etwas altertümlichen Naivität zum Opfer?

Auch die Priester verfügen über große menschliche Erfahrung. Sie gehen ja ständig in die Schule des Lebens. Ihr Herz wird von zahllosen Begegnungen mitgeprägt. Sie öffnen sich für so viele Freuden und so viel Not der Menschen!

Was das Ehesakrament betrifft, akzeptieren Sie da ein Zusammenleben der Partner schon vor der Hochzeit?

Wir müssen doch die Tatsachen sehen. Ich habe schon oft junge Menschen getraut, die bereits zusammenlebten. Es gibt eine Sexualität, die massenhaft außerhalb der Ehe gelebt wird. Ich gehe von dem aus, was existiert, ohne zu richten oder verurteilen zu wollen.

Würden Sie denn Ihren Gemeindemitgliedern empfehlen, ihren Ehewillen erst einmal zu erproben?

Nein.

Gleiche Fragestellung auch zur Ehescheidung. Viele Paare trennen sich voneinander, aber sie tun es – im Gegensatz zu den kursierenden läppischen Behauptungen über den heutigen Laxismus – selten leichten Herzens. Ist die Trennung derer, die sich nicht mehr lieben, nicht auch ein Zeichen gegenseitiger Achtung?

Ich muß dabei an die Kinder denken. Sie müssen oft die Rechnung für die Scheidung bezahlen. Sie tragen eine Wunde davon. Auch da geht es mir nicht um Verurteilung. In der neuen Situation, in der sich die Geschiedenen wiederfinden, müssen sie einen neuen Weg des Lebens und der Heiligkeit wählen.

Finden diese Geschiedenen auch ihren Platz in der Kirche?

Ganz ohne Zweifel. Sie haben ihren Platz in der Kirche einzunehmen. Die Geschiedenen haben den christlichen Gemeinden etwas mitzuteilen und beizubringen. Ihre menschliche und christliche Erfahrung darf man nicht einfach beiseiteschieben.

Wie ist denn diese Haltung mit dem kirchlichen Recht in Einklang zu bringen? Ihnen ist ja nicht erlaubt, wiederverheirateten Geschiedenen die Sakramente zu spenden.

Die Geschiedenen treffen die Entscheidungen, die sie im
Gewissen für richtig halten. Wer wollte jemandem die
Kommunion verweigern, der herangetreten ist, sie zu
empfangen? Die Achtung vor Normen dispensiert niemals vom Verständnis für Personen.

*Die Frauen werden immer selbständiger. Sie nehmen
am Arbeitsleben teil und wollen sich frei für ihre Mutterschaft entscheiden. Haben Sie Verständnis dafür, daß
die Kirche hartnäckig diese Bewegung ablehnt und die
Abtreibung verwirft?*

Der Ort und die Rolle der Frauen in der Gesellschaft sind
Zeichen der Zeit. Ich sehe darin eine Strömung hin zu
mehr Autonomie und Verantwortlichkeit. Wie sollte
man sich über diese Befreiungsbewegung nicht freuen! In
diesem neuen kulturellen und gesellschaftlichen Kontext wollen die Frauen auch ihre Mutterschaft frei wählen; man kann verstehen, daß Arbeitslosigkeit und wirtschaftliche Schwierigkeiten bei solchen Entscheidungen
ihr Gewicht haben! Abtreibung ist immer ein Akt gegen
das Leben. Das darf man nicht banalisieren. Das Leben
ist etwas so Wundervolles. Es gibt eine Gesetzgebung,
aber das Gesetz tritt nicht an die Stelle des Gewissens. Es
ist wichtig, die Gewissen über das schwerwiegende Problem der Abtreibung aufzuklären, damit es nicht nur um
die Frage geht, was erlaubt ist oder nicht, was vorgesehen
ist und was nicht.

*Sie haben einer Homosexuellenzeitung ein Interview ge-
geben. Das paßt in die Linie mancher Priester in Nord-
amerika, die die Homosexualität als Tatbestand anerkennen. Warum haben Sie aber den Skandal eines solchen Interviews riskiert?*

Skandal für wen? Warum soll es ein Skandal sein, wenn
ein Bischof in »Gai Pied Hebdo« das Wort ergreift? Gibt
es einen Ort, der für das Zeugnis des Evangeliums ge-

sperrt ist? Man hat mich gebeten, die Einführung zu
einer Serie zum Thema »Homosexuell und katholisch«
zu schreiben. Ich habe akzeptiert, weil sich die Homosexuellen ausgestoßen fühlen. Sie sind eine Minderheit,
die unter der Diskriminierung seitens der Gesellschaft
wie seitens der Kirche leidet. Ich war selbst schon Zeuge
des Leidens, manchmal des Elends gläubiger Homose-
xueller, daher wollte ich mich an sie wenden und ihnen
sagen, daß sie von Gott geliebt sind, daß sie auch in ihrer
Situation zur Heiligkeit berufen sind und daß das Evangelium auch für sie da ist.

Ihre Aussagen zu Aids gehen in die gleiche Richtung. Sie
gerieten damit allerdings auf heißen Boden und in Wi-
dersprch zu den Erklärungen von Kardinal Decourtray.

Ich habe im Krankenhaus von Évreux einen Aidskranken
besucht, ich habe ihn sterben gesehen. Wie soll ich sein
Gesicht und diese schreckliche Krankheit vergessen?
Zur Zeit ist das Präservativ ein notwendiges Mittel, um
gegen die Gefahr von Aids anzukämpfen. Wenn das Leben des Menschen in Gefahr ist, muß man alles unternehmen. Andernfalls macht man sich der Verweigerung
von Hilfeleistung gegenüber Menschen in Gefahr schul-
dig.

War das eine Stellungnahme von Jacques Gaillot oder
die des Bischofs von Évreux?

Von Jacques Gaillot, dem Bischof von Évreux.

Gehört es denn zu den Aufgaben des Bischofs, etwas
über Präservative zu sagen?

Nichts Menschliches ist dem Dienst des Bischofs fremd.

Sie haben in einem ganz anderen Bereich, zur Friedens-
frage, wiederholt eine »pazifistische« Haltung einge-
nommen ... Ist das die Haltung einer noblen Philosophie

in der Tradition der dreißiger Jahre, die zu den Münchner Verträgen geführt hat, oder ist es eine wohlkalkulierte politische Haltung?

Friede ist nicht nur Abwesenheit von Krieg und Verminderung der militärischen Bedrohung. Es ist auf Gerechtigkeit, Freiheit und Solidarität aufgebaut. Wenn man den Frieden in Europa wahren will und dabei die Auseinandersetzungen in der Dritten Welt vergißt, dann ist das eine kurzsichtige Politik. Wenn man die Sicherheit in Europa auf wachsende militärische Ausgaben bauen will, während Milliarden Menschen nicht genug zu essen haben, dann ist das eine unverantwortliche Politik. Wenn man den Frieden in Europa wahren will, indem man sich mit der Trennung durch einen eisernen Vorhang abfindet, der die freie Kommunikation zwischen den Völkern verhindert, dann ist das eine Politik der Feigheit und beleidigend für das Freiheitsverlangen unserer Geschwister in Osteuropa.

Sind Sie Befürworter einer auch einseitigen Abrüstung?

Ja. Man soll den Mut aufbringen zu einseitigen Abrüstungsinitiativen, ohne zu warten, bis die andere Seite den gleichen Schritt tut. Abrüstung ist eine Chance, die es zu nutzen gilt.

Sind Sie am Ende eher ein grüner als ein roter Bischof?

Eher in allen Farben des Evangeliums.

Können Sie sich erklären, warum die Mehrheit der Franzosen weiterhin positiv zur atomaren Rüstung steht?

Das ist mir schwer begreiflich. Es fehlt uns in Frankreich an Information und an einer Diskussion über Verteidigungsfragen. Es ist ungesund für eine Demokratie, wenn ein Volk nicht ganz selbstverständlich über fundamentale Fragen debattieren kann. Welche Werte hat ein solches Volk zu verteidigen und zu fördern? Welche Solidarität spürt es gegenüber den anderen Völkern der Erde? Welche Risiken will es in Kauf nehmen, um das zu behaupten, was ihm wesentlich ist? Wie können die Bürger die Organe kontrollieren, denen sie ihre Macht delegiert haben?

Wir erleben zur Zeit eine »Wiederkehr des Religiösen«: neue, sogenannte charismatische Gemeinschaften entstehen. Wallfahrten erfahren einen Aufschwung... Freuen Sie sich über solche Phänomene, oder sind Sie da eher besorgt?

Ich bleibe wachsam und zurückhaltend. Volkstümlicher Ausdruck des Glaubens ist eine Dimension unseres Menschseins. Heute finden Großveranstaltungen und Wallfahrten viel Anklang. Ihr Kurswert steigt. Die Identität und Sichtbarkeit der Kirche kommen hier zu ihrem Recht. Meine Zurückhaltung betrifft die Tatsache, daß die »Wiederkehr des Religiösen« manche veranlassen könnte, von den Kampfplätzen unserer Zeit zu desertieren. Politisches Engagement, ein Einwirken auf die Strukturen der Gesellschaft sind nicht die Stärke von Gruppen der charismatischen Erneuerung. Das Evangelium ist aber im kämpferischen Einsatz für die Gerechtigkeit und für die Menschenrechte zu leben.

Glauben Sie, dieses Phänomen könnte in eine sektenartige Richtung entwickeln?

Man kann Fehlentwicklungen nie ausschließen.

Entwickelt sich derzeit nicht auch ein Glaube »auf Gefühl«, der auf ein Studium der Texte und die Einordnung in eine geschichtliche Perspektive verzichtet?

Der Glaube »auf Gefühl« öffnet Tür und Tor für die Intoleranz. Die Gefahren des Fundamentalismus brauche ich hier nicht noch einmal zu beschreiben. In dieser Hinsicht wirft die Rushdie-Affäre ein entscheidendes Problem auf: Ist eine Religion – in diesem Fall der Islam – imstande, sich ihrer Zeit anzupassen und auf die Herausforderungen der Moderne einzugehen? Wenn Sie dazu nicht imstande ist, wie kann sie da eine Zukunft haben?

Hat denn der Islam etwa keine Zukunft?

Das Zeugnis der Geschichte beantwortet diese Frage positiv.

Waren Sie auch schockiert, als die Kirche Frankreichs auf die Nachricht vom Todesurteil für Rushdie als erstes ihr Mitgefühl für den den Moslems zugefügten »Schmerz« hervorgekehrt hat?

Mich hat das überrascht, schon weil ich etwas mißtrauisch bin gegenüber einer Heiligen Allianz zwischen den Religionen. Das Problem für den Islam besteht darin, zu akzeptieren, daß Mohammed ebenso wenig den Moslems gehört wie Christus den Christen. Beide sind eingegangen in die Geschichte der Menschheit. Sie gehören der ganzen Menschheit. Daraus folgt eine notwendige Ausdrucksfreiheit, die wiederum Toleranz und Respekt voraussetzt.

Welchen Unterschied sehen Sie zwischen Ökumene und einer Heiligen Allianz?

Die Ökumene setzt Dialog, Begegnung, gegenseitige Anerkennung, gemeinsames Handeln voraus; die Heilige Allianz dagegen ist eine gemeinsame Frontstellung gegen den Feind.

Man stellt heute fest, daß den jungen Franzosen in weiterführenden Schulen fast jegliches Wissen zu einer religiösen Kultur fehlt. Beunruhigt Sie das? Wären Sie dafür, daß man eine Einführung in die Religionsgeschichte in die Lehrpläne einbaut?

Unwissenheit in Dingen der religiösen Kultur ist eine bedauerliche Bildungslücke. Hier wird den jungen Menschen etwas vorenthalten, was die Geschichte ihres Landes zu einem großen Teil geprägt hat. Sie haben somit nicht den Zugang zu allen Quellen ihrer Kultur. Das ist ein Handicap. Je mehr man sich die eigene Vergangenheit zueigen macht, desto besser sind die Chancen, die Zukunft in Angriff zu nehmen. Ich sehe in der Einführung einer kulturellen Begegnung mit den Religionen eine Chance, die man nutzen sollte. Das gilt vor allem im europäischen Kontext.

Halten Sie die derzeitige Privatschule für eine christliche Schule?

Nicht unbedingt. Eine christliche Schule steht im Dienst der am stärksten Benachteiligten. Auf deren Kosten darf es da keine Selektion geben. Sie ist also keine »Klassen«-Schule im Dienst der Besitzenden und der Wahrung von Interessen und Prinzipien. Sie ist nicht elitär, sondern fördert vor allem den Schulerfolg der Schüler.

Ist die Kirche Ihrer Ansicht nach gut beraten, wenn sie meint, sie müsse sich zu Fragen des Wochenstundenplans und der Zeiten darin für den katechetischen Unterricht äußern?

Es ist nicht Sache der Kirche, sich zu Fragen der Freizeiten im Stundenplan zu äußern. Das Prinzip der Laizität muß selbst die Möglichkeit schaffen, eine Zeit für den katechetischen Unterricht freizuhalten. Hier sind drei Fragen miteinander verknüpft: die Frage der schulischen Rhythmen, die Frage der kulturellen Einführung in die Religionen, die Frage der Katechese.

Hängen Sie an Ihrem Bischofsamt? Wäre es für Sie schmerzlich, wenn man Ihnen irgendwann einmal den Stab nehmen würde?

Mir ist da zweierlei zumute. Auf der einen Seite habe ich es als Dienst auf mich genommen, Bischof zu sein. Bischof bin ich nicht auf eigene Rechnung. Die Sendung, die mir anvertraut ist, gehört mir nicht. Andererseits gibt es viele Zeugnisse, die darauf dringen, daß ich auf meinem Posten bleibe: »Ein zahlreiches Volk steht zu Ihnen. Wir sind mit Ihnen verbunden. Sie dürfen uns nicht verlassen.«

Manchmal werden die Mauern Ihres Bischofshauses mit feindseligen Parolen beschmiert...

Das kommt vor. Das sind Blüten der Nacht. Wenn es an mir läge, würde ich sie stehenlassen. Bischof sein ist nun mal kein idyllisches Leben...

Einer Ihrer Vorreiter, Yves Congar, predigte eine »dienende und arme« Kirche. Sie scheint inzwischen tatsächlich ziemlich arm zu sein, aber ist sie auch eine »dienende« Kirche?

Unserer Kirche mangelt es an der Armut des Risikos. Wo sind heute die Kühnheiten? Die Kirche dient, wenn sie sich tatkräftig auf die Seite der Ausländer, der Arbeitslosen, der Gefangenen, der Ausgestoßenen, der Minderheiten stellt... Glaubwürdig sein verlangt, daß man in jeder Situation wahrhaft ist. Wenn man all diese Dinge tut, kann man nicht mit doppeltem Boden arbeiten. Eine Kirche, die nicht dient, dient zu nichts.

III. DOKUMENTATION

Die Akte Gaillot

1. Osterbotschaft 1983
2. 12. November 1983: Bischof Gaillot distanziert sich von der positiven Stellungnahme der in Lourdes versammelten Bischofskonferenz zur atomaren Abschreckung.
3. Weihnachten 1983. Botschaft des Bischofs von Évreux an die Ausländer im Département Eure.
4. 6. Februar 1985. *Le Monde:* »Ein Bischof auf dem Index?«
5. 13. Juni 1985. *Le Monde:* »Zwei französische Bischöfe warnen in einem Manifest vor einem »Begräbnis des Konzils.«
6. 23. Juli 1987. Nach seiner Südafrikareise zur Begegnung mit Pierre-André Albertini wird Bischof Gaillot in der Tageszeitung *Le Quotidien de Paris* von Christian Charrière der »Manipulation« bezichtigt.
7. 5. Januar 1988. *Le Monde:* Presseerklärung zur Frage der Repression in den von Israel besetzten Gebieten.
8. 25. Oktober 1988, Lourdes. Erklärungen zur Priesterweihe für verheiratete Männer und zur Frage der verheirateten Priester.
9. Oktober 1988. Aufruf zur Teilnahme an der Volksabstimmung über Neukaledonien.
10. 10. November 1988. Leitartikel der Bistumszeitung von Évreux zum Film *Die letzte Versuchung.*
11. 30. November 1988. Artikel in *Le Quotidien de Paris* unter der Überschrift: »Der rote Bischof treibt es weiter.«
12. 22. November 1988: *Libération:* »Der Bischof von Évreux stellt sich gegen die ›Marginalisierung‹ der Kirche.«
13. 29. November 1988. Zum Zölibat der Priester und zum Thema Aids. *Le Monde:* »Der Bischof als Störenfried«.
14. Januar 1989: Auszüge aus einem Interview für die Zeitschrift *Lui.*
15. Februar 1989. Beitrag für die Zeitschrift *Gai Pied Hebdo.*
16. 23. März 1989. Kommuniqué Bischof Gaillots nach der Ablehnung seines Audienzgesuchs beim Papst.

1983. Osterbotschaft

Wenn ich in diesen Tagen mit den Christen von Évreux Ostern feiern werde, möchte ich mit euch allen teilen, woran ich glaube und welche Fragen mich beschäftigen.

Christus ist auferstanden, damit der Mensch lebe. Er hört nie auf, als Pilger mit uns auf unseren Wegen zu gehen. Jeder kann ihm begegnen. Er hört nicht mehr auf, Bruder des Menschen zu sein, für jede Epoche, in jedem Augenblick.

Oft frage ich mich, ob die Brüder des Auferstandenen diejenigen sind, die sich auf Anhieb stets auch den menschlichsten Fragen unserer Zeit zuwenden.

Mit dieser Gesinnung bin ich zum Prozeß eines Kriegsdienstverweigerers gegangen. Wann wird man den Verweigerern aus Gewissensgründen, die sich nach dem evangelischen Ideal der Gewaltlosigkeit richten, hierzulande einen wirklichen Platz einräumen? Wie können wir eine Zukunft möglich machen, in der der Krieg nicht mehr als unausweichliches Schicksal erscheint, sondern in der es möglich sein wird, die unvermeidlichen menschlichen Konflikte auf anderen Wegen zu lösen?

Wenn Kirche nicht mehr Zeichen der Hoffnung und Freiheit ist für Angeklagte, Arbeitslose, Ausländer, dann sollte sie sich über die Art und Weise befragen, wie sie ihre Treue zum Evangelium lebt.

Christus steht den großen Fragen von heute um Menschenrechte, Folter, Achtung vor dem Leben, Abrüstung nicht fremd gegenüber. Christus ist bei uns, damit unsere Entscheidungen und Stellungnahmen zum Zeugnis werden für unseren Glauben an die Auferstehung.

Christus ist draußen vor den Mauern gestorben, wie er vor den Mauern geboren ist. Auch wir müssen heraus aus unseren Mauern, damit wir das Licht, die Sonne von Ostern erblicken.

Allen ein gesegnetes Osterfest.

12. NOVEMBER 1983. Bischof Gaillot distanziert sich von der positiven Stellungnahme der in Lourdes versammelten Bischofskonferenz zur atomaren Abschreckung.

Ich weiß, man kann einen fahrenden Zug nicht mit dem Fuß aufhalten. Mit meiner Stimme gegen die Erklärung der Bischöfe wollte ich in erster Linie gegen das angewendete Verfahren protestieren. Warum muß man denn so überstürzt zu einem so entscheidenden Fragebereich sprechen? Warum nimmt man dabei die Gefahr in Kauf, so viele Gläubige und Menschen guten Willens zu enttäuschen, die von den Hirten der Kirche Frankreichs eher ein Wort der Hoffnung erwarteten?

Was unserem Land fehlt, ist eine umfassende Debatte über die Fragen um Frieden und Abrüstung. Eine großartige Chance dazu war gegeben, aber sie wurde vertan. Man hätte zunächst in aller Bescheidenheit einen Textentwurf vorlegen können für alle, denen die Sache des Friedens am Herzen liegt. Ein offenes Dokument, das eher Vorschläge macht als Positionen festschreibt und in dem alle Richtungen zu Wort kommen. Im nachhinein ist kaum mehr ersichtlich, wie eine solche Debatte noch in Gang kommen könnte. Mit der Erklärung der Bischöfe ist der Knoten festgezurrt. Die Weise, wie ein Text Aufnahme findet, ist nicht ohne Belang. Wenn er manche befriedigt und erfreut hat, so hat er andere doch enttäuscht. Was etwa wird bei denen hängengeblieben sein, die nur die Kurznachrichten oder Schlagzeilen wahrgenommen haben? Wohl nur der eine Punkt: Die Bischöfe Frankreichs sind für die atomare Abschreckung, sie sagen ihr Ja zur Bombe. In solchen Aussagen steckt nichts mehr vom Gerücht des Evangeliums, das uns für die Hoffnung öffnet. Die Stellung der Bischöfe beschränkt sich auf den *Status quo*, auf Vorsicht und Realismus.

Ich habe gegen die Erklärung gestimmt, weil sie kein prophetisches Wort riskiert. Was ist damit gemeint? Prophet ist nicht derjenige, der morgen oder übermorgen einmal Recht haben wird. Prophet ist einer, der heute Ansprüche stellt, der auf Dinge drängt, die heute schon ohne Aufschub möglich sind. Bei der atomaren Abschreckung geht es nicht nur um einen Sachverhalt, sondern zunächst und vor allem um eine Entscheidung. In diesem Bereich gibt es ebensowenig wie in anderen Dingen ein unvermeidliches Schicksal. Gibt es denn zur atomaren Abschreckung gar keine Alternative?

Alle Gruppen, die sich für die Sache des Friedens einsetzen, alle diejenigen, die sich auf einen gewaltlosen Weg des Kämpfens begeben haben, sollten sich nicht von einem Text entmutigen lassen, der die Möglichkeiten zu bezweifeln scheint, an die sie glauben. Am Ende dieses zwanzigsten Jahrhunderts müssen neue Wege eröffnet werden. Bei so schwerwiegenden und schwierigen Realitäten wie Frieden, Verteidigung und Abrüstung ist uns der Mut zu einem kühnen und hoffnungsvollen Wort abgefordert.

WEIHNACHTEN 1983. Botschaft des Bischofs von Évreux an die Ausländer im Département Eure.

Der erste Marsch für Gleichheit und gegen Rassismus hat ein großes Licht aufstrahlen lassen: Ja, ein Zusammenleben ist möglich. Ein Windstoß der Brüderlichkeit und des Friedens hat sich erhoben. Aber das Leben geht weiter... Ihr arbeitet an harten und wenig anerkannten Stellen. Ihr kennt die Arbeitslosigkeit. Ihr wohnt in den benachteiligten Wohnvierteln. Eure Jugendlichen sind in Schule und am Arbeitsplatz von Diskriminierung bedroht.

Ihr sollt wissen, daß ich mit all denen, die euch in der Nachbarschaft, in der Schule oder am Arbeitsplatz begegnen und mit euch Freundschaft schließen, auf eurer Seite stehen möchte, damit eure Rechte Anerkennung finden und damit Intoleranz und Rassismus in jeder Form euch gegenüber aufhören. So wie ihr seid, mit den Kulturwerten eures Landes, bildet ihr eine Bereicherung für Frankreich. Ihr tragt euren Stein zum Aufbau der Gesellschaft mit bei.

Viele von euch sind Christen. Euer Glaube an Gott und an Jesus Christus drängt euch, aus dem Evangelium zu leben. Nehmt eure Plätze in den christlichen Gemeinden ein, wo immer ihr

wohnt. Helft ihnen, damit sie sich **stärker für euer Anderssein**
öffnen. Gemeinsam müssen wir **Christen aus Frankreich** und
aus anderen Ländern jene Kirchen **ohne Grenzen verwirkli**-
chen, die Christus gegründet hat.

Unsere muslimischen Freunde, die **ihr den allmächtigen und**
barmherzigen Gott anbetet, ihr seid **mit uns auf dem selben**
Weg, wenn es gilt, gegen Ungerechtigkeit **zu kämpfen und die**
Menschenwürde zu verteidigen.

Ein weiter Weg liegt noch vor uns, bis **wir mit unseren Verschie**-
denheiten wirklich zusammen leben. **Darin liegt eine Hoffnung**
für das kommende Jahr.

Allen ein gutes Neues Jahr!

---

6. FEBRUAR 1985. *Le Monde:* »Ein **Bischof auf dem Idex?**«

Évreux. Ist er ein Chorknabe, oder **stellt er sich nur naiv? Ein**
»roter« Bischof oder ein biblischer **Prophet? An Bischof Gaillot**
von Évreux (Eure) scheiden sich **die Geister. Der mit seinen**
neunundvierzig Jahren noch junge **Würdenträger mit den hellen**
Augen macht sich unbequem. Seit **seiner Bischofsernennung**
vor zweieinhalb Jahren hat er mit **einer Reihe von Gesten** immer wieder Bewunderung oder **Ablehnung, Staunen oder Kopf**-
schütteln provoziert.

Évreux mit seinen fünfzigtausend **Einwohnern besitzt eine alt**-
eingesessene einflußreiche und **prinzipienreitende Bourgeoisie**,
die sich von neu zugezogenen **Bevölkerungsgruppen bedroht**
fühlt, denen die außerhalb der Stadt **wachsenden Industriezo**-
nen Arbeit bieten. Als bloße Wohn- **und Schlafstadt ist** Évreux
politisch nach links geschwenkt **und hat inzwischen sogar**
einen kommunistischen Bürgermeister. **Es war keine geringe**
Überraschung für die Honoratioren **vor allem in Verwaltung**
und Armee, als ihr neuer Bischof kurz **nach seinem Amtsantritt**
persönlich bei einer Gerichtsverhandlung **auftauchte und sich**
für einen Kriegsdienstverweigerer einsetzte! **In der gleichen Lo**-
gik stimmte Bischof Gaillot auch gegen den **1983 verabschiede**-
ten Text des französischen Episkopats *Den Frieden gewinnen,*

der eine positive Stellung zur atomaren Abschreckung bezieht. Ein Hirtenbrief, in dem der Bischof zu Weihnachten desselben Jahres die Rechte von Ausländern verteidigte, stieß auf Kritik. Auf dem Höhepunkt des Schulstreits dann im Jahr 1984 warnte Bischof Gaillot vor dem »stark politisierten« Charakter der Großdemonstration zugunsten der katholischen Schulen vom 24. Juni in Paris, und er äußerte sein Bedauern darüber, »daß die Kirche bei dieser politischen Vereinnahmung mitmacht und in ihrer Freiheit entfremdet wird.«

Dieser Bischof »steht links«, so die Schlußfolgerung eines Teils der Katholiken von Évreux. Sie verziehen ihm nicht, daß er offiziellen Feiern und Zeremonien fernblieb und zeigten auch wenig Verständnis für seine Entscheidung, das diesjährige Weihnachtsfest mit den Ärmsten der Armen in einem öffentlichen Saal und anschließend in einer psychiatrischen Heilanstalt und im Gefängnis zu feiern, statt in seiner Kathedrale. Sie fingen an, ihn bei jedem Auftritt in der Öffentlichkeit genau unter die Lupe zu nehmen in der Hoffnung, ihn bei einem Fehltritt zu ertappen. Sie brauchten auch nicht lange zu warten.

In *Le Monde* vom 15. Januar erscheint in Großanzeige ein »Appell für die Freiheiten«, nämlich gewerkschaftliche Freiheiten für das Lehrpersonal im privaten Schulbereich; der Text wendet sich insbesondere gegen »Druckausübung, Sanktionen, willkürliche Versetzungen« sowie »Redeverbote«. Der Appell ist von der »Nationalen Gewerkschaft für die Einigung des öffentlichen Dienstes der Erziehung und für die Verteidigung des Personals im Privatschulbereich« (SNUDEP) verfaßt, einer Unterorganisation der linken Lehrergewerkschaft FEN, und es stehen prominente Unterschriften darunter wie die des Generalsekretärs der Kommunistischen Partei, Georges Marchais, und des Bischofs von Évreux, Jacques Gaillot.

Führende Vertreter der Elternverbände alarmieren daraufhin sofort die Presse. Zwei Artikel im *Figaro* unter den Überschriften »Ein Bischof als Dissident« und »Évreux gegen seinen Bischof« geben den Ton an. Für Bischof Gaillot handelt es sich um das abgekartete Spiel einer Minderheit. »Es gibt da eine einflußreiche und aktive Elite«, meint er, »die mich isolieren und disqualifizieren, mit andern Worten mich aus dem Amt entfernen möchte. Daher die Begleitmusik von außen.«

Was präzise werfen die Gegner dem Bischof eigentlich vor? Für die rechtsstehende Wochenzeitung *Eure Inter* »unterzeichnet Bischof Gaillot gemeinsam mit der Linken einen Text gegen die freie Schule«, während Maurice Lecomte, Vorsitzender des Elternverbandes UDAPEL im Département Eure, es als »unerträglich« erachtet, daß »ein Bischof sich einem so bösartig verleumderischen Text anschließt.« Die Frau des Vorsitzenden im katholischen Familienverband, selbst Lehrerin an einer katholischen Schule, will sich zwar nicht der Polemik gegen ihren Bischof anschließen, den sie als »tiefspirituell« und »menschlich ansprechbar« ansieht. Aber sie wirft ihm vor, »eine politische Botschaft weitergeben« zu wollen. Für sie ist er »eindeutig ein Mann der Linken, was sein gutes Recht als Mensch und als Christ ist, aber nicht als Bischof.«

Unter den Anhängern des Bischofs, die im Klerus die Mehrheit bilden, die aber vor allem auch unter den »kleinen Leuten« der Diözese zu finden sind, wird er unterschiedlich qualifiziert: als ein »Mann ohne Vorurteile«, als »Anti-Würdenträger«, als »offen für das Evangelium«, als »lauterer Mensch, der unweigerlich etwas Naives an sich hat«. Schließlich sei er »eben kein Normanne«, denn die herausragende normannische Eigenschaft bestehe darin, »stets vor allem auf der Hut zu sein«.

Man glaubt nämlich, Bischof Gaillot sei hier in eine politische Falle gegangen. Zwar habe ihn die Linke für ihre Zwecke ausgenutzt, als er gutgläubig diesen Freiheitsappell unterschrieb, weit mehr noch sei er aber nun zum Spielball einer Rechten geworden, die sich nicht damit abfinden kann, daß sie die Macht im kommunalen Parlament von Évreux verloren hat. Ein in Évreux wohnender Professor der Universität Rouen erinnert in diesem Zusammenhang daran, daß »die Stadt eine alte laizistische und antiklerikale Tradition kennt; das private Schulsystem wird von den begüterten und oft ungläubigen höheren Bürgerschichten als eigenes Jagdrevier betrachtet.« Und wie steht Bischof Gaillot selbst zu all dem? Er behält die Ruhe und sucht vor allem die Gemüter zu besänftigen. Ohne seine Geste zurückzunehmen – die er nicht als Angriff gegen die katholische Schule, sondern als ein »riskiertes Wort« an die Adresse von Nichtgläubigen wie Gläubigen zugunsten einer »Gewissensfreiheit an allen Orten und für jedermann« verstanden wissen will –, zeigt er sich verwundert über die Polemik, die damit ausgelöst wurde.

Aus ganz Frankreich hat er eine Menge Zuschriften bekommen, die ihn überwiegend bestätigen. Auf rund fünfzig feindselige kommen hundertfünfzig positive Briefe. Während seine Ankläger ihn als scheinheiligen »Tartuffe« bezeichnen, als »U-Boot-waffe zur Versenkung der Privatschulen« und als »armes verirrtes Schaf inmitten einer Schar von Wölfen«, loben seine Bewunderer bei ihm »den Mut und die Freiheit, wie man sie in der Kirche immer seltener antrifft«; sie bedauern, daß er zur »Zielscheibe von heulenden Derwischen« geworden ist und finden, daß sie »dringend solche Bischöfe wie Gaillot brauchen«. Von fünf Bischöfen abgesehen, die ihm persönlich schrieben, bleibt es beim offiziellen Schweigen des Episkopats, das Bischof Gaillot selbst als »Zeichen des Respektierens meiner Handlungsfreiheit« interpretiert.

Auf die drei häufigsten kritischen Anfragen an den Bischof (Warum sucht er Zuflucht bei den Medien, statt sich direkt an die Leute zu wenden? Warum soll man sich vor der politischen Vereinnahmung von rechts hüten und nicht auch von links? Warum hat er den Text einer Gewerkschaft unterschrieben, die er gar nicht kannte?) antwortet Bischof Gaillot: »Ich muß bei allen meinen Stellungnahmen an die Nichtglaubenden denken, die von einer kirchlichen Botschaft nicht erreicht würden; der einzige Weg, sich an alle zu richten, führt über die Medien. Ich stehe nicht einseitig links, sondern habe mich auch zu Polen, zu Afghanistan, zum Libanon und zur Sowjetunion geäußert... Man muß allerdings zugeben, daß die Kirche oft mit der Rechten liiert scheint und daß das Evangelium keineswegs neutral ist! Was die Gewerkschaft SNUDEP angeht, so diente sie nur als Mittel zum Zweck. Wenn ich eine Botschaft an den Mann bringen will, hänge ich sie an eine Rakete, die für sich genommen ohne Bedeutung ist. Diesmal war die Trägerrakete vielleicht schlecht gewählt, aber ein ordentliches Feuerwerk hat sie jedenfalls entzündet!«

Alain Woodrow

13. JUNI 1985. *Le Monde:* »Zwei französische Bischöfe warnen in einem Manifest vor einem ›Begräbnis des Konzils‹.«

Wenige Tage vor dem Erscheinungstermin des umstrittenen Buches von Joseph Kardinal Ratzinger, Präfekt der römischen Kongregation für Lehre und Glauben *(Entretiens sur la foi,* Éditions Fayard), während gleichzeitig der ständige Rat der französischen Bischofskonferenz auf seiner Sitzung vom 10. bis 12. Juni in Paris vollauf mit der Vorbereitung der außerordentlichen Bischofssynode beschäftigt ist, die für November in Rom vorgesehen ist und die zwanzig Jahre nach dem Zweiten Vatikanischen Konzil eine Bilanz ziehen soll, sind zwei französische Bischöfe aus der Reserve getreten und haben den Aufruf einer Gruppe von Christen unterstützt, die unter dem Motto »Ja zur Synode, Nein zum Begräbnis des Konzils« vor allen Restaurationsversuchen in der Kirche warnen.

Der Appell entstammt der Initiative einer Gruppe von Christen, Priestern wie Laien, aus der Region von Montpellier. Die Verfasser führen zunächst noch einmal die aus ihrer Sicht segensreichen Ergebnisse des Konzils vor Augen und schreiben dann: »Wir können daher das enttäuschende Fazit von Kardinal Ratzinger nicht verstehen, wenn er sagt: ›Die Ergebnisse des Konzils widersprechen, wie es scheint, grausam der Erwartung aller, angefangen bei den Erwartungen Johannes XXIII. und Pauls VI. Man erhoffte eine neue Begeisterung, aber wieviele Menschen empfinden inzwischen Mutlosigkeit und Überdruß.‹ Kardinal Ratzinger, so heißt es weiter, »spricht dann sogar von Restauration. (...) Wir bedauern, wenn man hier von der Praxis der Kollegialität und der Verantwortung aller in der Kirche wieder abrückt und nur die einsame Ausübung der päpstlichen Autorität beibehält. Und wir haben ernsthafte Gründe zu befürchten, daß diese Vorgänge die Gewissensfreiheit der Synodenväter schwer belasten werden.« *

---

* Nach Aussagen von Kardinal Ratzinger hat nicht er selbst, sondern der ihn interviewende Journalist das Wort ›Restauration‹ verwendet. Der Kardinal akzeptiert dieses Wort dennoch in ›seinem

Unter Dutzenden von Unterschriften unter diesem Appell findet sich auch die des Bischofs von Évreux, Jacques Gaillot. Der Bischof hat uns gegenüber bestätigt, daß er den Text nicht nur unterzeichnet, sondern daß er den Verfassern zur Ermutigung persönlich geschrieben hat mit dem Wunsch, der »Text möge auch in anderen Bistümern Verbreitung finden.« Bischof Rozier von Poitiers hat seinerseits den Text mit einem Schreiben unterstützt: »Ich glaube, Euer Schritt im Blick auf die Synode trifft sich mit einer Reihe von anderen Schritten, und ich wünsche, daß sie fruchtbar werden für die Synode, die dem weiteren Weg der Kirche nach vorn dienen soll.«

Alain Woodrow

---

23. JULI 1987. Nach seiner Südafrikareise zur Begegnung mit Pierre-André Albertini wird Bischof Gaillot in der Tageszeitung *Le Quotidien de Paris* von Christian Charrière der »Manipulation« bezichtigt.

Hinter dem – letztlich doch recht armseligen und lächerlichen – Fall des Bischofs von Évreux Jacques Gaillot, zeichnet sich ein Drama von großer Tragweite ab, das auch die wachsende Abneigung der Gläubigen gegen die katholische Amtskirche teilweise erklärt, nämlich die Vergiftung des christlichen Denkens durch gegnerisches Gedankengut. Die Ursache ist hinlänglich bekannt: Der vertikale Glaube nimmt ab zugunsten der horizontalen Sorgen, die den Bezug zum Heiligen, ja letztlich das Gespür für das Übernatürliche selbst aufzehren.
Im Fall des Bischofs von Évreux kommt ein weiteres, noch weniger ehrenvolles Motiv hinzu, nämlich das einer Eitelkeit, die um so unbändiger wirkt, je mehr sie sich hinter lobenswerten humanitären Aktionen verbirgt: für Abrüstung, Anti-Apartheid, Einheitsschulen. In Wahrheit ist Jacques Gaillot, ohne es selbst zu merken, vor allem vom eigenen Ich getrieben, von der

etymologischen Sinn von ›Erneuerung‹ oder als ›Mittel, um ein neues Gleichgewicht zu finden‹.

Sorge um sein Erscheinungsbild, vom Bedürfnis, sein Konterfei veröffentlicht und seine Handlungen kommentiert zu sehen: Da kommt er heute allerdings voll auf seine Kosten, tölpelhaft wie er ist! Im *Figaro* von vorgestern erfahren wir von Jean Bourdarias, daß der Bischof von Évreux die Wahl hatte zwischen zwei Reisen, zwischen dem Flug nach Ciskei und der Fahrt, auf der er die Gläubigen seiner Diözese nach Lourdes führen sollte. Die dunkle Grotte kann warten! Jacques Gaillot pressierte es zur Presse, so sicher war für ihn, daß er mit dem Flug nach Ciskei seine Wirkung nicht verfehlen würde. Für die im Manipulieren so fachkundige Kommunistische Partei ist es ein Kinderspiel, einen Mann wie den Bischof von Évreux zu steuern: Für dreißig Silberlinge Stolz bekommt man alles von ihm, sogar die Unterschrift neben der von Georges Marchais unter einem Manifest gegen das Privatschulsystem.

Der Bischof von Évreux ist kein Einzelfall: Man könnte da vieles über den Bischof von Sens hinzufügen, wäre die eigentliche Frage nicht vielmehr die, wieso manche katholische Kirchenführer sich mit solcher Leichtigkeit ihren Pflichten entziehen und sich selbst verleugnen.

Es liegt daran, daß ihr Glaube geschwunden, ja bei manchen von ihnen sogar verschwunden ist und als einzigen Beweggrund die niederen Triebkräfte zurückläßt. Sprechen wir es aus, auch wenn es schockiert und erschauern läßt: Der Feind hat sich heute bei gewissen Hohenpriestern, in deren Hirngespinsten, ihren mafiosen Machenschaften und ihrem ideologischen Einverständnis mit dem materialistischen Atheismus festgesetzt. Das von Johannes angekündigte Tier ist am Werk, nicht als autonome und sichtbare Gestalt, sondern als Geist der Entheiligung und Verdunklung, und er wirkt präzise durch das Unbewußte der Mittler in Amt und Würden hindurch.

Seine Sprache ist euch allen bekannt! Sie klingt wie die des Bischofs von Évreux, widerlich, eher süß als heilig, und geht immer um den heißen Brei herum. Je mehr ich mich mit Bischof Gaillot befasse, desto besser kann ich Bischof Lefebvre verstehen.

Christian Charrière

5. JANUAR 1988. *Le Monde:* Presseerklärung zur Frage der Repression in den von Israel besetzten Gebieten.

Erneut lehnt sich das palästinensische Volk gegen die Besatzung auf. Die israelische Repression ist von erstaunlicher Brutalität. Die Verhaftungswelle übertrifft alles bisherige. Die Würde eines Volkes wird weiter mit Füßen getreten. Nach zwanzig Jahren Besatzungszeit ist die Entschlossenheit der Palästinenser nicht geringer geworden. Nach zwanzig Jahren Vergessensein für die internationale Öffentlichkeit schreien die jungen Palästinenser auch unter Lebensgefahr ihren Freiheitswillen hinaus. Kein Waffenlärm kann die Stimmen derer übertönen, die die Befreiung für ihr Land fordern. Gewalt kann nicht die Konflikte mit einem Volk lösen, das sich seiner selbst immer stärker bewußt wird. Nicht die Angst, sondern der Dialog wird einen Weg des Friedens eröffnen. Ist es in diesen Tagen nach dem Weihnachtsfest nicht endlich Zeit, die Bedingungen für einen wahren Dialog zu erkunden?

LOURDES, DEN 25. OKTOBER 1988. Erklärungen zur Priesterweihe für verheiratete Männer und zur Frage der verheirateten Priester.

Zur Priesterweihe für verheiratete Männer

Wenn wir uns als Bischöfe zu Fragen des Dienstes und Lebens der Priester äußern, ist es da nicht auch an der Zeit, einmal den gegenwärtigen Wandel zu ermessen und mit der Freiheit in die Zukunft zu blicken, die uns das Evangelium gibt?
Angesichts der in Gesellschaft und Kirche eingetretenen Veränderungen stellt sich mir die Frage nach der Möglichkeit, auch verheiratete Männer zu Priestern zu weihen.
Die sinkende Zahl und das Älterwerden unserer Priester sind ein schwerwiegendes pastorales Problem. Wir sind inzwischen

die gesellschaftliche Institution mit dem höchsten Anteil alter
Menschen im aktiven Dienst.

Zahlreiche Christen beweisen heute ihre Reife im Glauben und
übernehmen vielfältige Aufgaben im Apostolat, gleichzeitig
aber fehlt es uns an Priestern, um ihren Erwartungen und Bedürfnissen zu entsprechen.

Die Sonntagsgottesdienste ohne Priester haben gewiß ihren
Sinn. Sie haben aber auch den Nachteil, daß sie den priesterlichen Dienst auf die Vollmacht reduzieren, Brot und Wein zu
konsekrieren. Gleichzeitig trägt die Abwesenheit von Priestern
dazu bei, die Symbolkraft und strukturelle Bedeutung des ordi-
nierten Priesteramtes für den Glauben der Kirche bewußt-
seinsmäßig zu schwächen. Können wir es uns noch lange leisten, den Mangel nur zu verwalten und hinhaltende Lösungen
zu suchen, ohne den Bedürfnissen des Gottesvolkes zu ihrem
Recht zu verhelfen?

Zur Frage der verheirateten Priester

Ich mache mir Gedanken über das Profil des Priestertums von
morgen, wie es sich mit der Wiedereingliederung der Priester
von Écône und in geringerem Maß auch bei anderen traditionell
ausgerichteten Gruppierungen abzeichnet.

Es ist in der Tat bemerkenswert, wie sehr man sich bemüht, um
Leute zurückzuhalten, die in vielen wesentlichen Punkten des
Glaubens weit vom Zweiten Vatikanischen Konzil entfernt
sind, während man sich mit dem Abschied von hochwertigen
Priestern abfindet, nur weil sie ihr Zölibatsversprechen gebro-
chen haben.

Dieses Zweierlei im Verhalten stellt mich vor einige Fragen.
Warum sollte man nicht Priestern die Dispens vom Zölibat zu-
gestehen, wenn sie im Streben nach Gemeinschaft mit der Kirche darum bitten? Wie lange wollen wir uns den Dienst verheirateter Priester versagen, die für einen Einsatz in der Kirche
auch weiterhin bereit sind?

Warum sollen wir die Augen vor pastoralen Situationen verschließen, in denen die Bedürfnisse so sehr nach Linderung
schreien, daß man sich fragen muß, ob wir wirklich noch auf
das Volk Gottes hören?

Besteht nicht ein Widerspruch zwischen den Notsituationen und den Möglichkeiten, die wir dagegen einsetzen könnten?

OKTOBER 1988. Aufruf zur Teilnahme an der Volksabstimmung über Neukaledonien.

Der Händedruck zwischen Jean-Marie Tjibaou und Jacques Lafleur hat einen Weg zum Frieden aufgetan. Weil diese beiden Männer bereit waren »zu geben und zu vergeben«, ist der Dialog möglich geworden. Die Übereinkünfte im Hôtel Matignon beginnen jetzt schon, der Gewalt und dem gegenseitigen Mißtrauen ein Ende zu setzen. Ein weiter Weg bleibt noch zu gehen, um den Frieden zu konsolidieren und die Zukunft aufzubauen. Dazu muß unverzichtbar auch die öffentliche Meinung mit ihrem Gewicht beitragen. Die Volksabstimmung bietet die Möglichkeit, dem in Gang gekommenen Friedensprozeß eine feierliche Garantie zu geben.
Numea scheint freilich weit weg von unseren Alltagssorgen. Unsere Aufmerksamkeit gilt eher dem Streik der Krankenschwestern und den Demonstrationen als dem, was auf den Inseln im Südpazifik vor sich geht.
Für Solidarität gibt es aber heute keine Grenzen mehr. Die Länder geraten immer stärker in gegenseitige Abhängigkeit. Ereignisse, die ein einzelnes Volk berühren, haben weltweite Auswirkungen. Wir sind Weltbürger, unser Land ist der ganze Erdball.
Für die Neukaledonier ist höchst bedeutsam, was in der Metropole geschieht. Für sie ist die Volksabstimmung von großem Interesse im Hinblick auf die Zukunft. Einen hohen Prozentsatz an Stimmenthaltungen würden sie als Mangel an Solidarität empfinden. Ich fordere daher alle Katholiken der Diözese auf, am 6. November zur Wahl zu gehen. Die Volksabstimmung erteilt uns das Wort.
Wir können etwas tun. Jede Stimme hat ihr Gewicht.

Jacques Gaillot, Bischof von Évreux

10. NOVEMBER 1988. Leitartikel der Bistumszeitung von Évreux zum Film *Die letzte Versuchung.*

Ich habe den Film nicht gesehen. Deshalb wollte ich weder in die Diskussion eingreifen, noch zu dem Spektakel beitragen, das dieser Film in der Öffentlichkeit hervorgerufen hat. Aus gegebenem Anlaß sehe ich mich freilich genötigt, nun doch ein Wort zu diesem Thema zu sagen.

Christus gehört niemandem. Den Christen nicht mehr als anderen. Man kann nicht den für eigene Zwecke beschlagnahmen, der es riskiert hat, sich allen auszuliefern. Er hat sich allen hingegeben. Er hat sein Blut vergossen für die Vielen. Der Mann aus Nazaret gehört der Menschheit. Sein Prozeß geht weiter bis ans Ende der Zeiten.

Skandalös für mich ist nicht ein Film, den ich nicht gesehen habe. Skandalös ist für mich, wenn ich sehe, wie Christen eine Intoleranz und eine Gewalttätigkeit an den Tag legen, die nichts mit dem Evangelium gemein haben. Wie kann man sich auf Christus berufen, wenn man das traurige Beispiel für etwas liefert, was er selbst niemals getan hat! Die Seligpreisungen fordern uns auf, genau in entgegengesetzte Richtung zu gehen.

Ich habe den Film nicht gesehen, aber ich bin froh, daß man in der Öffentlichkeit weiter über Jesus spricht. Wenn man Jesus auf die Leinwand bringt, kann ich ein wenig von den Gefühlen des Paulus nachempfinden. »Auf jede Weise, ob in unlauterer oder lauterer Absicht, wird Christus verkündigt, und darüber freue ich mich.« (Phil 1,18).

Jacques Gaillot, Bischof von Évreux

30. NOVEMBER 1988. Artikel in *Le Quotidien de Paris* unter der Überschrift: »Der rote Bischof treibt es weiter.«

Bischof Gaillot, bekannt für seine extremistischen Positionen, hat dieser Tage nach einem Besuch des Scorsesefilms wieder

von sich reden gemacht. Nach einer Aufführung des Films *Die letzte Versuchung* am Montagabend in einem Kino in Val-de-Reuil (Eure) vertrat Bischof Gaillot die Auffassung, der Film von Martin Scorsese stelle »die eigentlichen Fragen über die Auferstehung Christi und über seine Menschheit.«
Bischof Gaillot hatte sich unauffällig in das Kino *Les Arcanes* begeben, wo der Film seit Freitag letzter Woche läuft. »Ich respektiere diesen Film, der uns einen schwachen, zärtlichen, manchmal auch heftigen Christus vor Augen führt und der vielen von uns die Möglichkeit gibt, sich neue Fragen über seine Person zu stellen«, befand er gegen 23 Uhr 30 nach der Vorführung gegenüber einem Vertreter von AFP. »Ich war es leid, ständig wiederholen zu müssen, daß ich den Film noch nicht gesehen habe. Nun habe ich ihn gesehen und bedaure es nicht«, fügte der Bischof hinzu, für den der Filmregisseur »Christus absolut nicht diffamiert hat«. »Um dem Film keinen Bärendienst zu leisten«, hatte Bischof Gaillot ihn sich nicht in Évreux angesehen. Val-de-Reuil ist eine der wenigen Städte im Département Eure, wo der Film von Martin Scorsese noch gezeigt wird.
Bischof Gaillot hatte sich im vergangenen Oktober bei der Vollversammlung der Bischöfe in Lourdes für die Heirat von Priestern und kürzlich noch für den Gebrauch von Präservativen im Kampf gegen Aids ausgesprochen.

22. NOVEMBER 1988. *Libération:* »Der Bischof von Évreux stellt sich gegen die ›Marginalisierung‹ der Kirche.«

In einem Gespräch mit Agence France Presse äußert der Bischof von Évreux, Jacques Gaillot, sein Bedauern darüber, daß »die Kirche sich immer mehr marginalisiert«. »Es gibt eine Gesinnungsethik, die von der Verantwortungsethik zu unterscheiden ist, und in manchen Situationen« – in Problemen der Abtreibung beispielsweise oder im Kampf gegen Aids – »dürfen wir die Augen nicht verschließen«, sagt Bischof Gaillot.
»Ich bin gegen die Abtreibung, alle Welt ist gegen die Abtrei-

bung, aber der Gesetzgeber, der sie legalisierte, hat auch die Tatsache mit in Betracht gezogen, daß es in Frankreich jährlich
300000 heimliche Abtreibungen gab«, konstatiert der Bischof
von Évreux, der anderweitig für sein Engagement für Frieden
und Abrüstung und gegen die Apartheid bekannt geworden ist.
»Man muß sehr aufmerksam auf die Probleme der Leute achten
und ihnen nicht mit Schuldgefühlen noch zusätzliche Lasten
aufbürden. Der Aids-Epidemie gegenüber gibt es kein anderes
Mittel als das Präservativ.« Dies nicht einsehen zu wollen
komme einer »unterlassenen Hilfeleistung in Notsituationen«
gleich, sagt Bischof Gaillot und fügt hinzu: »Es gibt eine Sexualität außerhalb der Ehe, das ist einfach eine Tatsache.«
Wenn sich Bischof Gaillot für die Heirat von Priestern oder für
die Weihe verheirateter Männer ausspricht, so präzisiert er zugleich, daß es ihm nicht darum geht, Probleme von Priestern zu
lösen, sondern Probleme der christlichen Gemeinden, die voller
Leben sind und die mit den Folgen des Rückgangs bei den Priesterberufen fertigwerden müssen. Bischof Gaillot nennt das
Beispiel eines Dorfes bei Marseille, wo der Priester mit fünfund-
achtzig Jahren demnächst seinen Dienst aufgeben muß, während ein anderer Priester, dem seit seiner Heirat der Zutritt zu
den Sakramenten versagt ist, bereit wäre, die Nachfolge anzu-
treten. »Solche Situationen muß man doch auch sehen«, meint
der Bischof.
Zu Äußerungen des Sprechers der französischen Bischöfe, Jean-
Michel di Falco, (wonach auch die Protestanten und Orthodo-
xen Nachwuchsprobleme bei den Priesterberufen kennen, ob-
wohl ihre Pastoren und Priester heiraten dürfen) sagt Bischof
Gaillot, derlei Vergleiche seien »unredlich«.
Der Bischof von Évreux weiß durchaus, daß seine Erklärungen
so manchen »ärgern« werden. Er versichert aber zugleich, daß
er bislang »keinerlei Ordnungsruf« aus Rom erhalten habe. Er
will sich demnächst selbst in den Vatikan begeben und dem
Heiligen Vater sagen: »Hören Sie die Fragen, die ein Hirte sich
stellt.« Er will um eine Begegnung mit dem apostolischen Nuntius in Frankreich ersuchen. »Die Kirche muß ein Ort der Freiheit sein. Was man guten Gewissens denkt, soll man auch sagen«, betont der Bischof von Évreux, der bedauert, »wie schwer
sich Bischöfe dabei tun, das Wort zu ergreifen.«

»Nach meiner Erklärung in Lourdes über die Heirat von Priestern meinte ein Bischof zu mir, er habe ein schlechtes Gewissen, weil er sich nicht laut geäußert habe, denn er denke auch so
wie ich«, berichtet er. Nach eigenen Worten erhält Bischof Gaillot täglich Briefe von vielen Priestern, die sich dafür bedanken,
»daß er laut das ausspricht, was viele im Stillen denken.«

---

29. November 1988. Zum Zölibat der Priester und zum Thema
Aids. *Le Monde:* »Der Bischof als Störenfried.«

»Armer kleiner Bischof, so ganz allein! Machen Sie es wie die
Ziege des Monsieur Seguin in der Fabel von Alphonse Daudet:
Teilen Sie noch ordentlich ein paar Stöße mit den Hörnern aus,
ehe man Sie auffrißt!« Dutzende von Sympathiebekundungen,
gemeinsam verfaßte und persönliche Briefe besonders von Priestern stapeln sich auf dem Schreibtisch von Bischof Jacques
Gaillot, der mit seinen Erklärungen zum priesterlichen Zölibat
für etwas »frischen Wind« gesorgt hat. Darunter auch zwei eher
süßsaure Schreiben von bischöflichen Amtsbrüdern: Einer
wirft ihm vor, daß er »die Kirche spaltet und schwächt«, der
andere, daß er »seine Nummer abzieht und nur Illusionen
weckt«.
Gerüchte – die er selbst dementiert –, wonach er in Kürze nach
Rom bestellt werden soll, lassen ihn ebenso ungerührt wie die
Plakatständer der Zeitschrift *Le Meilleur* in den Straßen von
Évreux: »Die ganze Stadt will ihren Bischof loswerden. Gaillot
raus!« Bischof Gaillot (53) sieht nicht aus wie ein Märtyrer. Es
braucht schon etwas mehr, um ihm sein permanentes argloses
Knabenlächeln oder den nüchternen Tonfall seiner nicht eben
sonoren Stimme zu nehmen. Klein gewachsen, kahlköpfig
schon in jungen Jahren, randlose Brille: schon seine äußere Erscheinung wirkt entwaffnend. »Manche halten mich für den
Teufel in Person, aber sehen Sie selbst: ich habe doch nichts von
einem Draufgänger.«
Bischof Riobé, der frühere Bischof von Orléans, mit dem man
ihn oft verglichen hat, wirkte angstvoll, zögernd, von Unruhe

getrieben. Bischof Gaillot scheint eher auf einer Wolke zu schweben: »Reden wirkt für mich befreiend«, sagt er leise, »aber ich lasse mich für keine Partei einspannen. Ich brauche auch keine Beförderung. Wenn man meinen Rücktritt will, werde ich keine Schwierigkeiten machen.«
Bei seinem letzten Besuch im Vatikan schlug der afrikanische Kardinal Gantin, Präfekt der Kongregation für die Bischöfe, die Hände über dem Kopf zusammen: »Wie, Sie leben noch? Sie müssen wissen, Monseigneur, daß man Sie überwacht und beobachtet. Sehen Sie sich vor in allem, was Sie sagen und tun.«
Aber das weiß der Bischof von Évreux selbst besser als sonstwer. Früher landeten Beschwerdebriefe auf seinem Schreibtisch. Heute gehen sie gleich an die apostolische Nuntiatur in Paris und nach Rom. Manche Integralisten reisen sogar selbst bis nach Rom.

Die Umarmung mit Arafat

Er kümmert sich nicht weiter darum und beackert weiter seinen Boden. Seinen ersten Skandal hatte er 1983 in Évreux durch seine (wortlose) Anwesenheit bei einer Gerichtsverhandlung gegen einen Kriegsdienstverweigerer aus Gewissensgründen ausgelöst. Einige Monate danach stimmt er gegen den Text der Bischöfe, *Den Frieden gewinnen*, den er als zu nachsichtig gegenüber Atomwaffen ansieht. Ein Jahr darauf unterzeichnet er Petitionen im Schulstreit... ausgerechnet zugunsten der öffentlichen Schulen! Heute noch gilt er deswegen in einigen katholischen Schulen seiner eigenen Diözese als unerwünschte Person.
Im Februar 1987 fährt er nach Athen, um an der Fahrt des »Schiffs für Palästina« teilzunehmen, das freilich den Hafen nicht verläßt. Einige Monate später trifft man ihn zusammen mit militanten Kommunisten in Südafrika, wo er Pierre-André Albertini im Gefängnis besucht. Im vorigen Winter bezieht er Stellung zugunsten des palästinensischen Aufstands in den besetzten Gebieten, um danach zweimal Ibrahim Souss als Gast bei Tisch zu empfangen und im vergangenen Juni in Tunis bei der Gedenkfeier zum vierzigsten Tag nach der Ermordung des

zweiten Mannes der PLO, Abu Dschihad, Yassir Arafat persönlich zu umarmen. Das hindert ihn nicht, kurze Zeit später auf
Einladung der UNO in New York an einer außerordentlichen
Sitzung über die Abrüstung teilzunehmen. »Mein Leben ist
nicht das eines Stubenhockers«, meint Bischof Gaillot. Man
lädt ihn nach Nicaragua ein und an die Universitäten von Lö-
wen oder Barcelona. Er ist mit dem Gründer von SOS-Rassismus, Harlem Désir, befreundet und ist selbst Mitglied des Orts-
komitees. Die Freimaurer bitten ihn zu einer »Sitzung in
Weiß«. Er kämpft in dem Département gegen die Todesstrafe,
wo zuvor die kleine Delphine Boulay ermordet wurde; er begibt
sich persönlich zur Präfektur, um sich für Ausgewiesene und
Einwanderer einzusetzen, er besucht Gefängnisinsassen, öffnet
seine Kirchen für Hungerstreikende, taucht mitten im Arbeits-
kampf in den Renault-Werken von Cléon (Seine Maritime) auf,
protestiert in Nassandre bei Bernay gegen ein Großunterneh-
men der Zuckerindustrie und in Pont-Audemer gegen die Genossenschaftsbank Crédit Agricole.
Nur eine Randfigur, ein Einzelgänger? Sein spitzbübisches Lächeln ist vielsagend. Bischof Gaillot kann sich vor Einladungen
in die Wohnsiedlungen der Stadt kaum retten, er trifft sich bei
Tisch im Bischofshaus mit den örtlichen Vorsitzenden laikaler
Wohlfahrtsverbände oder mit Schulräten, die sich selbst als
Atheisten bezeichnen. Er steht auf gutem Fuß mit dem kommunistischen Bürgermeister von Évreux, aber zugleich auch
mit dem noch vom gaullistischen Innenminister Pasqua berufe-
nen Präfekten. Auch die großen »Erben« der ortspolitischen
Szene (Jean-Louis Debré, Bernard Tomasini, Ladislas Ponia-
towski, Francois-Victor de Broglie) hofieren ihn ein wenig.

»Die Gleichgültigkeit durchbrechen«

Bei den »guten« Katholiken, den Katholiken in der Kathedrale,
in den Bürgerhäusern und Zweitwohnsitzen gehen die Ansich-
ten über ihn auseinander. Wenn er seine Pfarreien besucht und
Jugendliche firmt, bleiben manche demonstrativ fern. Bischof
Gaillot sieht sich allerdings weniger von den 10% der zur
Messe kommenden Gläubigen »umgetrieben« als von den 90%

Ungläubigen, die vor der Tür bleiben und die er neugierig macht. »Wir müssen die Gleichgültigkeit durchbrechen«, sagt er, »wir müssen im Haus der anderen wohnen, damit wir unser eigenes Haus besser erneuern können.«

Ist es Mut oder Ahnungslosigkeit? Jacques Gaillot ist zweifellos ein Mann der Herzens- und Gedankensprünge, auch bereits ein Gefangener seiner Persönlichkeit, auf die man weniger um dessentwillen hört, was sie sagt, sondern weil sie als Symbol für Provokation und Freiheit gilt. »Der Begriff der neuen Evangelisierung ist zweischneidig«, sagt er. »Die offizielle kirchliche Rede im Sinn von Bekräftigung oder gar Wiedergewinnung der christlichen Werte weckt nur neuen Antiklerikalismus. Die Behauptung, Freiheit, Gleichheit und Brüderlichkeit seien christliche Werte, kommt einer Vereinnahmung gleich. Der Glaube wird nicht durch Bestätigungen von Macht und Prestige mitgeteilt, sondern durch ein Zeugnis für das Evangelium und durch ein einfaches Wort der Kirche, ein Wort neben anderen.«

Er hat Schwellen überschritten, indem er Themen anschnitt wie die Priesterweihe verheirateter Männer und die Wiedereinbeziehung verheirateter Priester in den Dienst an den Sakramenten. »Die Not ist immens groß«, sagt er. Es war ihm nicht gelungen, einen Priester zu finden für die Seelsorgearbeit mit einer Gruppe von katholischen Beamten in der Gendarmerie... Darauf einer der Betroffenen: »In der Gesellschaft sind wir wenig geliebt. Gilt das jetzt auch für die Kirche?«

Daß sich Bischof Gaillot nicht sonderlich von der Solidarität mit seinen Mitbischöfen aufhalten läßt, läßt man ihn spüren. Er verzichtet auf Einladungen engagierter Christen in anderen Diözesen, um dort den Ortsbischof nicht in Verlegenheit zu bringen. »So gesehen habe ich im Leben keinerlei Grenzprobleme«, meint er, »außer gegenüber meinen Nachbarbischöfen.« Bei näherem Hinsehen ist dies wohl der einzige Punkt, in dem der »kleine Bischof« sich verletzt zeigt.

Henri Tincq

JANUAR 1989: Auszüge aus einem Interview für die Zeitschrift *Lui*.

Vor kurzem haben Sie erklärt, der Nichtgebrauch von Präservativen sei gleichbedeutend mit der Verweigerung einer Hilfeleistung für Personen in Not: Stehen Sie noch zu dieser Aussage?

Ich kenne Menschen, die an Aids erkrankt sind, und ich mußte an sie denken, als ich das sagte. Wir befinden uns angesichts dieser schrecklichen Epidemie in einer Notsituation, wir müssen um alles in der Welt Leben bewahren und auf Gedeih und Verderb den Menschen retten. Wenn ich im Fernsehen spreche, wende ich mich nicht in erster Linie an die Katholiken, sondern an diejenigen, die in Not und ausgestoßen sind. Diesen Leuten kann ich nicht Treue und Keuschheit predigen.

Kommt es Ihnen mehr auf physische als auf moralische Rettung an?

Ja, denn das menschliche Leben kennt keinen Preis. Wenn man um eines Prinzips willen den Gebrauch von Präservativen ablehnt, kommt dies in der Tat einer verweigerten Hilfeleistung in Notsituationen gleich. Die praktizierenden Katholiken müssen begreifen, daß sie hier nicht angesprochen sind. Sie wissen, daß ich für die Treue in der Liebe bin. Wenn aber Präservative Leben retten können, sollten wir sie eben nützen!

Ist die Rede von Gott für einen Aidskranken von Bedeutung? Kann man ihm angesichts des Todes sagen, er solle an das ewige Leben glauben?

Ich persönlich versuche niemals, eine Situation, schon gar nicht eine Notsituation auszunutzen, um von Gott zu sprechen. Mein erster Schritt besteht darin, daß ich mich geschwisterlich und solidarisch zeige.

Haben Sie nicht manchmal selbst den Eindruck, Sie reden etwas zu viel?

Oft sogar, und das macht mich auch nachdenklich. Ich glaube, man sollte nicht zu viel reden und sich aufsparen für ein noch stärkeres Sprechen. Aber es ist auch nicht einfach für mich zu entscheiden, welches Wort zu sagen ist und welches nicht. Ich werde außerordentlich stark von den Medien beansprucht, und da fällt es mir in der Tat schwer, nein zu sagen. Ich weiß übrigens nicht, warum ich Ihnen dieses Interview jetzt gebe: Das wird auch wieder Staub aufwirbeln...

Hat man Sie schon zum Schweigen aufgefordert?

Nein, aber ich weiß, daß meine Aussagen viele ärgern und reagieren lassen. Manche Katholiken verstehen nicht, warum ein Bischof nicht besser von Keuschheit und Treue redet. Ich wiederhole: Sie sind nicht angesprochen, denn sie wissen doch schon, daß es diesen Weg gibt. Ich bin aber doch erstaunt über gehässige oder bösartige Reaktionen mancher Leute gegen mich.

Ist der Vatikan über Ihre Stellungnahme auf dem laufenden?

Ja, und es gibt sicher auch schon eine recht ansehnliche Akte über mich im Vatikan. Ich habe vor, noch vor Ostern 1989 nach Rom zu fahren und dort den Sinn meiner Schritte selbst zu erläutern.

Wenn der Vatikan Ihren Rücktritt verlangte, würden Sie dann gehen?

Ich habe meinen Auftrag vom Papst erhalten, und wenn er mich zum Wohl der Kirche bittet zu gehen, werde ich ohne Zögern und Vorbehalte gehorchen.

Wie denken Sie über die Entwicklung der Moral?

Ich bin immer voreingenommen für die Hoffnung. Ich liebe die Welt unserer Zeit, und ich glaube weder, daß die Jugend auf dem Weg ins Verderben noch daß die Welt dem Untergang geweiht ist. Das Leben in der Gesellschaft ist hart, aber man muß ein positives Vorurteil über den Lauf der Dinge behalten.

Ist das Streben nach Lustempfinden zu verurteilen?

Lust gehört zu uns Menschen und zum Leben. Sie ist nicht zu verurteilen, sondern sie ist uns geschenkt. Nur darf sich das Vergnügen nicht zu Lasten der Achtung vor der eigenen Person oder vor den anderen ausleben.

Ist denn der Geschlechtsakt nicht mehr als Sünde zu betrachten?

Ich hoffe doch: Das gehört ja zur Natur und ist etwas Schönes und Großes. Der Geschlechtsakt ist aber nicht nur ein mechanischer Vorgang, sondern bekommt seinen ganzen Sinn erst in der Vereinigung der Herzen.

Wie würden Sie demnach Liebe definieren?

Als die Vereinigung der Herzen, der Körper, die macht, daß ein Mensch ein anderer sein kann. Die Liebe verwandelt. Die Liebe schenkt Freude am Leben. Die Liebe baut ein Leben auf. Die menschliche Liebe muß überall sein.

Macht Ihnen die Gewalt mehr Angst als die Freizügigkeit in den Sitten?

Ehrlich gesagt habe ich keine Angst, aber wenn wir bei dem Begriff bleiben, dann ängstigt mich der Waffenhandel mehr als die Freizügigkeit in den Sitten. Waffenhandel ist ein wirklicher Anschlag gegen die Menschenrechte. Beunruhigt bin ich vor allem über das Ungleichgewicht zwischen Nord und Süd, über die institutionalisierte Gewalt, über den Tod von Kindern wegen Hunger und Ungerechtigkeit. Mangel an Gerechtigkeit schafft Unordnung; wo Unordnung herrscht, kommt es zu Aufständen, und wo es Aufstände gibt, kann es zum Krieg kommen. Frieden und Gerechtigkeit gehen Hand in Hand. Wir sind heute Weltbürger, und für die Solidarität gibt es keine Grenzen: Wir müssen lernen, auf einer planetarischen Ebene zu leben.

Es gab einen Fall Lefebvre, jetzt haben wir einen Fall Gaillot: Oft sagt man, daß Gegensätze sich anziehen...

Bischof Lefebvre ist der Vergangenheit zugekehrt, ich blicke in die Zukunft. Wir sind für das Leben geschaffen, und die Zukunft bringt man nicht durch bloßes Wiederholen der Vergangenheit auf den Weg.

FEBRUAR 1989: Beitrag für die Zeitschrift *Gai Pied Hebdo*.

Homosexuell und katholisch?

Es kommt vor, daß mich homosexuelle Personen im Bischofshaus sprechen möchten. Ich empfange sie immer. Oder kann jemand, der andere nicht aufnimmt, sich auf das Evangelium berufen? Aufnahme beschränkt sich aber nicht auf die bloße Gewährung eines Termins. Es gilt, den anderen mit Respekt und Verständnis aufzunehmen, sein Anliegen aufzunehmen und vor allem das, was sein ganzes Leben ausmacht. Ich muß an einen von ihnen denken, nennen wir ihn einmal François. Er hat es sich nicht ausgesucht, homosexuell zu werden. Er ist jung, katholisch, stark engagiert für Menschenrechte und für den Frieden. Einer der sich voll einsetzt. Ich bin beeindruckt von seiner spirituellen Suche, von seiner evangelischen Lebensweise und von seinem Sinn für die Armen.

François wäre gern bereit, einen Platz in der Kirche einzunehmen und eine Aufgabe in ihr zu übernehmen. Kann er das? Gehört er angesichts von Integralismus und Intoleranz nicht immer schon zu den Ausgestoßenen? François stößt auf festzementierte Denkweisen, die ihn in Schubladen des Unanständigen stecken. Es gibt ein Sektierertum, das über Leichen geht. Nicht nur Waffen können töten… Heute ist es für homosexuelle Menschen nicht leicht, mit offenem Visier in der Kirche Verantwortung zu tragen!

Aufnehmen heißt aber auch ehrlich sein. Ich versuche, ehrlich zu sein, wenn ich beispielsweise daran erinnere, daß der Unterschied zwischen den Geschlechtern fundamentalen Charakter hat. Darin liegt ein hoher Wert zur Stukturierung von Individuen und Gesellschaften.

Aufnehmen heißt aber vor allem auch von homosexuellen Menschen »empfangen«, ihr Zeugnis für das Evangelium entgegenzunehmen. François hat mir den Zugang zu einem erstaunlichen Jesuswort geöffnet. Denjenigen, die sich krampfhaft und besten Gewissens ans Gesetz klammern, ruft Jesus zu: »Die Dirnen gelangen eher in das Reich Gottes als ihr.« Denn die

Dirnen haben mit Freude die befreienden Worte Jesu aufgenommen.

Die Homosexuellen gelangen eher in das Reich Gottes als wir. Denn François in seinem Leid und in seiner Einsamkeit kennt die einfache Freude des Evangeliums. Die frohe Botschaft geht in ihm ihren Weg der Befreiung. Er offenbart mir etwas von der liebevollen Zuwendung und der Präsenz Gottes für diejenigen, die viel Mühe haben auf dem Weg.

Die christlichen Gemeinden täten Unrecht, sie zu ignorieren. Ohne sie könnten sie den ganzen Reichtum des Evangeliums nicht begreifen. Wollten sie sie ausklammern, würde dies ihr Zeugnis beeinträchtigen. Es ist wichtig, daß homosexuelle Menschen, die sich als katholisch erklären, auch voll und ganz in den Gemeinden katholisch sein können, und zwar um der Dynamik der Gemeinden selbst willen.

———————————

23. MÄRZ 1989. Presseerklärung Bischof Gaillots nach der Ablehnung seines Audienzgesuchs beim Papst.

Im vergangenen Dezember habe ich um eine Begegnung mit Papst Johannes Paul II. ersucht, um ihm meine verschiedenen Stellungnahmen zu erläutern und um meine Gemeinschaft mit dem Bischof von Rom zum Ausdruck zu bringen.

In diesen Tagen hat mir der Nuntius in Paris die Antwort Roms übermittelt: Sie ist negativ. Der Papst wird nicht mich nicht empfangen, zumindest vorerst nicht.

Ich bedaure, daß dem Wunsch nach einer Begegnung nicht stattgegeben wird und daß ein Bischof, der darum bittet, nicht vom Papst empfangen werden kann.

Trotz dieser Ablehnung betone ich erneut meine volle Gemeinschaft mit der Kirche und mit dem Nachfolger des Petrus.

Mutige Bekenntnisse eines unkonventionellen Bischofs – Hoffnungsträgers für eine erneuerte Kirche.

Jacques Gaillot
Bischof von Évreux

Was für mich zählt, ist der Mensch

Herder

2. Auflage, 128 Seiten, Paperback.
ISBN 3-451-21363-X

»Dieser Bischof ist kein selbstgerechter Wissender, sondern ein Lernender, Zuhörender, solidarisch mit den Fragen und Sorgen der Menschen. Er lebt eine Kirche, die nicht auf sich selbst bezogen ist, sondern den Menschen zugewandt, die Versöhnung anbieten und teilen will, und die ›mit Leidenschaft die Gemeinschaft sucht‹ (Gaillot). Eine solche Kirche wird fähig sein, die Menschen zu einem echten, riskanten, weitherzigen Leben ohne Maske und Egoismus einzuladen« (Publik-Forum).

Verlag Herder Freiburg · Basel · Wien